旅するパリより住みたいパリ

パリの魅力と住み方を紹介します

今井千美

プロローグ

人生にも終わりがあるように働くことにも終わりがやってくる。ほとんどの人が一定の年齢になると仕事に区切りをつける。なぜなら働く人が多すぎて場所も仕事もなくなるから順次交代しなければならない。人が死ぬことも同じで生き続けていれば人口が増えすぎて地球に居場所がなくなるから死んで場所を譲る。

仕事を終えて自由になったとしても夢のような時間が待っているわけではない。自分で進む方向を選ばなければ誰も決めてはくれない。時間という人生で最も大切なものをふんだんに持っている立場になった人に私の経験をお伝えできればと思う。

家庭のことは女性に任せ、仕事に邁進していて格好良く見えた夫が稼ぎの終わったあと、家にいたら妻はやっていられない。テレビお宅は1年で飽きる。毎日亭主に居られたら食事の準備をするのは大変だ。家庭の仕事で何が嫌だって毎日の料理だと答える女性は多いはずだ。そういう時勇気を出して2人で外国に行き、どちらも慣れないところで同じように苦労してみるとよいと思う。夫はなじみのないアパートで外国語のテレビなんか見たって面白くないので、なんやかんやと家事をするようになる。夫は頑張るかもしれない。

私は自由業であったので自分で決めて仕事を辞めて、人に譲った。同じことを何十年もやり続けるのも嫌だ。仕事は死ぬまでできるわけではない。残された時間は少なくなっていく。仕事を辞めた後も同じ家でご飯を食べ、同じ部屋で寝て何か踏ん切りがつかないではないか。

自分の居場所を変えるのが手っ取り早い。

別の場所に行けば何か違う自分が、今までより価値のあるものが発見できるかもしれないし、鍛えられるかもしれない。日本の田舎もいい。農業をやるのもいいかもしれない。でも基本的には日本のなかだ。苦労は少ない。苦労が世界を広くする。

パリに滞在しよう。なぜパリか？　パリは特別な存在だと思う。とにかくすごい。どのヨーロッパの街より訪れてみるべきところだと心底思う。

滞在にはニューヨークという選択肢もあった。ニューヨークはそれほど私を引きつけなかった。なぜだろう？　私にとっておいしいものがないのがひとつの理由だ。食文化が合わないのは決定的だった。

人々はプラスチックに入れたサンドイッチや飲み物を歩きながら食べている。みんな忙しげだ。高い建造物が道に深い影を落とし、そこを歩く自分がひどく小さく見える。

あるレストランでは30種類の野菜料理があると書かれていた。すごい！　中に入るとサラダの上にかけるドレッシングが30種類だった。ヒスパニックが多いのでその系統のレストランもあるが豆が中心で、唐辛子を使って味を出して演出しているだけで味わいが乏しい。とうもろこし！　中途半端な食品だ。アルコールには合わない。

エンパイアステートビル、メトロポリタン美術館、エイビフィッシャーホール、国会図書館と、新旧取り混ぜた立派な建物も無理矢理作った感じがする。道は直線で直角に交わる。住所は数字で示されわかりやすいが神秘性はない。マンハッタンは道路が見えないほど車で満ちて、その半分以上が黄色いカブすなわちタクシーばかりだ。

ロンドンも候補として考えた。長い歴史がありすばらしい街だと思う。イギリスを選ばなかった理由は、イギリスが島国で近くの国に行くにも飛行機を使うので煩わしいし、ベーコンエッグがいちばんおいしい料理と言われているのでそれも面白くない。

それではパリの街はどうだろう。街全体が世界遺産というだけあって、長い間かかって積み上げられた歴史がある。中心部は新しい建物を建てることは禁じられている。古い石造りの建物は風雪と戦争に耐えてきた。レンガ造りの建物があると思えばどっしりとした石造建物に彫刻が施されていたり、茶色の石でアクセントがつけられたり、イギリスの影響が強かった時にできたリバティーの店を代表とするビクトリア朝の建物があったり。その古い建物から煙突がにょきにょきとでていたりする。それがパリらしい。建物を分類したり、写真に撮ったり絵に描いたりするだけで楽しいだろう。

古い建物は例外なく開き窓でベランダ付きも多い。張り出したベランダの手すりもいろいろあり、鉄のデザインが違ってその模様の分類も面白い。私はそこまで調べる能力と時間がなかったが、西洋建築のさまざまな面を見ることができる。

何よりもパリの街の大通りが魅力的だ。大木となった並木はどの都市にもないすばらしさだ。所々にベンチが置かれているので座って行き交う人を眺めるのもよい。並木の1年の変遷をスケッチしても写真に撮ってもよい。

春夏秋冬と変わる並木の中にたいていは1つや2つの銅像がある。堂々として豪華絢爛だ。馬のブロンズ像も見ることができる。ヴィクトワール広場の馬が両前足を上げてルイ14世がまたがり軍隊の指揮している像には、気品や強い意志が感じられ、感動さえ覚える。重さをどうやって支えているのか。豪華に装飾された噴水も数多くある。石文化の燃えない強固さ、それがパリである。

たとえ語学がにが手でも壮大な歴史を体感しながら生きていることを感じるだけで充分だ。人通りはどこへ行ってもそれほど多くないので、自分の存在がニューヨークなどとは違って価値あるものとして感じられる。

そして、圧巻はルーブル美術館である。ここに行くだけでお金をかける価値がある。天才たちの作品が一同に会している。

パリオペラ座ガルニエは見学だけのツアーもある。建築様式も抜きん出て豪華である。どんな人たちがここで歌い踊り演奏したか？　それを観賞した人々が何万人いたかわからない。おそらく1億人以上だろう。数学の得意な人は数えてみるとよい。その統計は観光案内本に載るだろう。

食習慣の文化もある。おもてなしの役目は日本と違って男性が担っている。日本の料亭で男性がサービスするところは少ないが、フランスのレストランで女性がサービスをしていたら一流店ではない。男性の長い前掛けをした優雅な姿が料理を引きたててくれる。

料理が好きな人にはパリ以上の場所はないだろう。さまざまな新鮮な食料品が店にあふれている。日本は食料品が豊かなどと言う人もいるが、パリで毎日のように買い物に明け暮れた私は恥ずかしくて言えない。新鮮な食材が並べられたパリのマルシェと比べ、帰国後何もかもプラスチックの包装紙に包まれている日本のスーパーでのショッピングに飽き飽きとしてしまった。ありあまるお金があれば、飛行機で今晩のおかずをパリに買いに行き、日本に持って帰り夕食をしたいくらいである。

本書では私が体験したパリの魅力をさまざまな角度から紹介した。パリ滞在の一助になれば幸いである。

2019年5月

今井　千美

〈旅するパリより住みたいパリ〉目次

プロローグ　3

1章　パリに住む

●パリに到着　18
●ペット連れでのロングステイ　19
●入国審査　22
●オルリー空港の職員の気遣い　25
●長期滞在のビザを取得　28
●パリのアパルトマン　31
●住む地域と情報の集め方　34
●家賃の相場　37
●アパートメントホテル　38
●銀行口座を開く　39

●滞在延長を申請する　41
●帰国時にすること　43

2章　パリのグルメ事情

●フランス料理とは何か　46
●フランス料理はコース料理　48
●昼食に何を頼むか　51
●レストランのサービス　52
●食材の多様さ　55
●フランスの牡蠣　58
●牡蠣よりおいしいムール貝　60
●バラエティー豊かな食　61
●ジビエなんて！　62
●フレンチ・パラドックス　64
●バゲットの世界　66

●エンゲル係数と働き方　68
●再びバゲット事情　70
●パン職人の早すぎる引退　74
●ラテン民族のパンの味　76
●ケーキはパン屋で売っている　77
●フランス人はチーズが大好き　79
●チーズの好みも人それぞれ　81
●チーズとワインの相性　84
●近所のマルシェ　84
●家飲みワイン　87
●レディメイドの食事　89
●パリのカフェ　90
●カフェ文化とフランス人　92
●プロヴァンスの先生宅での食事　95

3章　パリファッションの極意
●街中で目立つ観光客　102
●有名店の悲喜劇　105
●パリの日曜日　108
●ガルニエ宮の夢と現実　110
●着物と真珠　113
●宝石のように珍重されたレース　115
●パリで服地を買う　118
●領収証と引き換えの商品　121
●素敵な服地店の裏話　124
4章　パリで学ぶ
●ピアノを習う　130
●先生の関心を惹く　131
●フランス芸術を支える　133

●3人のピアノの生徒　134
●日本より気楽な音楽会　137
●ピアノコンクール　139
●有名コンクールを堪能　141
●静かなファイナル　143
●フランス語を学ぶ　144
●ルーブル美術館の魅力　146
●どこからどのように見たらいいのか　150
●ルーブルで印象に残った絵画　152
●テーマを決めて鑑賞する　159
●蚤の市で複製画を買う　163
●オルセー美術館　165
●その他の美術館　167

5章　パリの街歩き

●パリの街の美しさ　170
●切符よりパスが便利　171
●自動開閉しないメトロのドア　173
●メトロで見た人間模様　175
●お勧めはバス移動　179
●メトロの下にあるもの　181
●パリのトイレ事情　183
●パリ郊外に足をのばす　184

6章　トラブルの防ぎ方

●泥棒が多いと知っておく　190
●ニッケルコイン泥棒　192
●街中はひったくりだらけ　193
●メトロの子どもスリ　196

●家具配送で起きた事件　198
●管理人も泥棒!?　200
●近所にいたホームレス　202
●老女と犬連れの男　204
●病気やケガをしたら　207
エピローグ　210

1章

パリに住む

シャルル・ド・ゴール
第18代大統領の名前がついたパリの国際空港。正式名称は、パリ・シャルル・ド・ゴール空港（Aéroport de Paris-Charles de Gaulle）

❖パリに到着

機体がパリに近づくと、エッフェル塔や凱旋門が建つ重厚な街の景色が見えてくる。リンドバーグは「翼よ！　あれがパリの灯だ」と言ったが、シャルル・ド・ゴール空港に降りる時文明と文化に体ごと突っ込んでいくようで、ほかの国への到着とは違った高揚感が湧いてくる。

羽田を真夜中に出発し、**シャルル・ド・ゴール**に着いたのは早朝4時であった。あまりにも早い。外はまだ真っ暗だった。およそ12時間の飛行時間で、フランスは時差で日本より冬時間で8時間遅いから、到着が朝4時。少々不便ではあるが、運賃は割安だ。ちょうどいい時刻に出て、ちょうどいい時刻に到着する便は、一般的に運賃が高い。

朝が早いので、公共の交通機関はまだ動いていない。同じ飛行機で着いたフランス人たちは、家族の迎えなどが

あって早々に空港から散って行った。団体旅行客は係りの人が荷物をまとめて迎えのバスに案内し、彼らも早々に去って行った。

ペット連れでのロングステイ

エアフランスを選んだのは、羽田発のパリ直行便で猫を客室に入れることができたためだ。調べてみたところ、日本の航空会社は猫を貨物室に入れて運ぶとのことだった。猫のように小さく、音に敏感な生き物を、10時間以上も水も餌もなしにエンジンに近いところに入れておくのはしのびない。

当時飼っていた猫は、フライトの間、ケージの中ではあるが私と一緒に寝て、たまに餌を食べ、水を飲み、おしっこもした。時々優しくニャーニャーと鳴き、旅を楽しんでいた。目と耳が大きい物語に出てくるようなベージュ色の猫だった。腎不

動物検疫所

動物の輸出入に際して、伝染病を防ぐため検疫を行う機関。http://www.maff.go.jp/aqs/

全を何年か患ったが静かに暮らし、今は天国に居場所を変えてしまった。ちなみに、この時の日本―フランス間の猫の往復乗車賃は5万円であった。

ペットを連れて外国に行くには、前もって入念な準備が必要である。まず狂犬病（犬の場合はレプドスピラ症も）の予防接種をして、抗体ができているか調べなければならない。毎年行い、証明書を保存する。狂犬病は日本では長らく発生していないが、日本のほかイギリス、ノルウェー、スウェーデンを除き、世界各国に存在する致死的な病気であり、人間でも罹患すれば死にいたる。

短期、長期の滞在にかかわらず、ペット同伴の場合、日本からの出国には日本の**動物検疫所**の輸出許可が必要だ。申請方法などは動物検疫所のホームページから情報を得る。猫と犬では予防接種の内容が異なるので注意したい。

ほかにも個体識別用のマイクロチップを装着する必要があ

パリの動物検疫所

住所は Direction Départementale des Services Vétérinaires de Paris (DDSV) 20 r Bellevue 75019 Paris

証明書の推奨様式（Form AC）

必要事項をすべて記載できる様式として推奨されている。パリの民間の獣医師に記入してもらい、動物検疫所に持参する。http://www.maff.go.jp/aqs/animal/dog/import-other.html#step7_nonfree

る。1回目の予防接種から30日後に2回目の予防接種を行い、約30日後に抗体検査を行う。3か月はかかるとみて早めに準備しておきたい。

また、滞在中にペットを連れてフランス国外へ旅行する予定があるなら、フランスの動物病院で動物用EU圏内パスポートを発行してもらうと旅行が楽である。

帰路についても付け加えると、フランス出国の際はフランスの動物検疫所の輸出許可が必要である。狂犬病の予防接種は1年ごとに行う必要があり、2年以上にわたり滞在する場合には、フランスの動物病院で狂犬病の予防接種をして抗体陽性の証明書を用意しなければならない。

日本に帰国する際に必要となるフランス政府発行の証明書は、**パリの動物検疫所**で手続きする。あらかじめ日本の動物検疫所のホームページで**証明書の推奨様式（Form AC）**をダウンロードしておくとよい。この書類に現地の獣医師が記入し、動物検疫所の担当官に証明してもらうことになる。

証明書は帰国日の40日以上前に手に入れ、日本の検疫所に輸入書類と併せて送る。日本の検疫所と違い、パリの検疫所には動物を連れて行く必要はない。もちろん航空会社には、チケットの購入時に動物同伴である旨を伝えておく。

❖入国審査

日本人の場合、フランスの入国審査は顔写真を照合したらほとんどの人は問題なく通過できる。すぐに審査が終わるのはいいが、係官に〝allé(行け)〟とぞんざいな言い方をされると、わかっていますよ、行きますからそんな言い方をしなくともいいでしょうにと思う。フランスの官史はえてして高圧的に感じるが、受けながせばよい。

EUに加盟する国から来た人は、その人達用の出口があり、

その他の国から来た人とは別の経路を進む。これはＥＵ諸国の空港で共通の入国のしかただ。
入国審査は時に大変な時間を要する。海外での移動に慣れてくると、審査に時間がかかりそうな様子の人がわかるようになり、前にそうした人がいないか確かめてから並ぶ列を決めるようになる。
もちろん勘がはずれる場合もあり、「あの子ども連れの一家はどうして、ひっかかっているのだろう」などと、やきもきすることもある。ただ、最近ではフォーク並びをする空港が多く、並ぶ列を選ぶことは少なくなってきた。
大部分の人は時間がかかっても入国していくが、なかには通過できない人たちがいる。犯罪者リストに載っている人、望まれない国から来た人、窓口でパスポートの偽造が見破られる人もいれば、訪問目的が観光とあるのにとうてい観光客に見えない人もいる。

係官は疑いを抱くと、中央の事務所かどこかに電話をして情報を集め、確認をする。そういうケースに出くわすと、ああ早く街に出たいのにとがっくりしてしまうが、どうしようもない。

もちろん、よほど慎重に審査しないと誰が入ってくるかわからないという事情は理解できる。ただ、ヨーロッパなら地続きで海や山を越えて入ってくるので、空港の入国管理所を突破しようとする危険人物はそれほどいないように思われるのだが。

最初の審査に通らなかった人は、係官に別の場所に連れて行かれる。私が見た範囲では、目立たない格好をして、おとなしくしている人が多い。疑いが深まることを恐れてか、抵抗する姿は見たことがない。

ここが運命の分かれ道で、高い運賃を払って家族を呼び寄せる先陣として、集めた資金をズボンの内側に縫い付けてきたとしても一巻の終わりになる。入国が認められず、送り返される場合の費用は航空会社や国が出してくれるはずはなく、自分で

オルリー空港
パリ郊外のオルリーにある国際空港。
近場の国からの到着が多い。

出さねばならない。

やましいことのない私でさえ、外国で入国審査を受ける時は何か言われそうでつい身構えてしまう。反対に出国する時は、出て行く分にはご自由にとばかり、アメリカなど出国審査さえない。機内に持ち込む手荷物に液体がないかをチェックされるくらいだ。

オルリー空港の職員の気遣い

以前、シャルル・ド・ゴール空港ではなく**オルリー空港**にニューヨークから朝到着した時、入国審査の前に予想以上に長い列があったことがある。並んでいる人はアメリカ人が大部分で、審査に時間がかかっていた。ＥＵの人々は、ＥＵ用の出口からすいすいと出て行った。

また長時間かかるのかとげんなりした私は、誘導している職員にパスポートを見せて、早く出してくれないかと頼んでみた。彼は「ちょっと待って」と言ってその場を離れ、すぐ戻ってきて私を連れだしてくれた。それまで並んでいた列の先頭まで行き、前の人が終わると入国審査官にひとこと言って私の番にしてくれたのだ。

私が日本人であること、ビジネスクラスのチケットだったことが影響しているのか、気まぐれなのか、よくわからなかった。列に並んでいた後続の人達は、自分達を飛ばして横入りさせたのだから当然のごとく口々に抗議した。ヨーロッパ人は事をあいまいにしない。

はっきりと聞き取れなかったが、その若い職員が「この人は日本人だ」と言ったのだけは理解できた。それ以上のことはわからないが、文句を言っていた人達はそれで口を閉じた。不思議な沈黙であった。

もちろん、日本とフランスの間でそのような協定があるわけではない。私はその時、服装には気を配っていた。やはりこういう時には、身なりと態度が運命を分けるのだろう。Tシャツとジーンズとスニーカーで喧嘩腰で要求していたら、あのような優遇をしてくれなかっただろう。

その職員は、すらっとしたアフリカ系のハンサムな若い男性だった。彼のおかげで1時間以上も待つのを免れたのだから、一生忘れられない。

パリには肌の色が濃いアフリカ系の人がたくさんいる。滞在するうちにずいぶん慣れた。友人に聞くと、フランスではアフリカ系の人と生粋のフランス人との結婚はいくらでもあるし、特別視されることもないと言っていた。

日本はアフリカとの距離が相当に離れているので、アフリカ系の人と街角ですれ違うことはあまりないが、パリではその頻度が桁外れに多い。フランスではない国を訪れたように感じる場所もある。

在日フランス大使館
住所は、東京都港区南麻布4-11-44。ホームページは https://jp.ambafrance.org/

パリに暮らして感じたことは、アフリカ系の人たちが総じて静かだということだ。移民してきた人たちはフランスで高等教育を受けることも難しいであろうし、招かれざる客と見られて恐れてか、宗教的な影響か、いろいろだろう。

長期滞在のビザを取得

パリに3か月以上住むためには、あらかじめ日本でビザ（査証）を取得しておく必要がある。フランスに入国した後には滞在許可証も必要になる。

ビザはフランス入国日の3か月前から申請することができ、出発3週間前までに終了することが求められる。詳細は**在日フランス大使館**で情報を得ること。申請の書類は完璧でなければならず、不備があると取得できないことがある。東京在住であれば予約し、大使館に出向いて書類を見てもらうこともできる。

戸籍抄本

個人事項証明で、A 4サイズ

フランス移民局

Office Français de l’Immigration et de l’Intégration、略して QFII。パリオペラ座から北東方面にあり、住所は Directon Territoriale d PAIS 48, ru de la Roquette 75011 PARIS

そもそもビザ取得のためには、本人が大使館に出向かなければならない。指紋採取があるためである。申請をするには、まずウェブサイト上で予約をとる。電話では予約はできない。

提出書類には**戸籍抄本**があり、英語またはフランス語に訳して添付する。法定翻訳会社があるので、依頼するのが確実だろう。

戸籍抄本は渡航後、滞在許可証の申請時やフランスでの銀行口座開設でも必要となるので、3通以上を予備として持参したほうがいい。また、ビザは自宅に郵送されるので、返信封筒を用意しておく。

シニアのロングステイでは、長期滞在用のビジタービザを取得するのが普通である。

フランスに3か月以上滞在する場合は、到着してから**フランス移民局**に行き、滞在許可証を申請する。出発前、在日フランス大使館からビザが郵送される際、滞在許可証を申請する方法と申請する際の添付書類が書かれた書類が入っているので、忘れずに持参することだ。

移民局の窓口は予約制ではない。申請者が多いと長時間外で待たされることがある。土曜、日曜は休み。

必要書類と手順は以下の通り。

1 借りているアパートの契約書および支払領収書、公共料金支払い領収書（夫婦での滞在許可証である場合、公共料金の契約は両名の名義でしておくこと）
2 有効な海外旅行保険の加入証明書
3 申請時に就労しないという誓約書にサインする
4 夫婦の場合は、例として夫が妻の滞在費用を持つ旨の書類を用意しておく

移民局では、身体検査、視力検査、胸部X線検査（肺結核の

庭付きのアパルトマン

有無を調べる）、医師の診察が行われた後、その日のうちに許可が下りればパスポートに滞在許可証がその場で貼られる。後日、移民局から郵送されてくる健康診断書は、滞在許可の延長を申請する際には必要となるので保管しておく。

パリのアパルトマン

パリにやってきたら、まず住まいを探さなければならない。

パリの中心に住みたいと思ったら、まず戸建ての住宅はないと思っておきたい。文化の香り漂う街に並ぶのは石造りのアパルトマンだ。

ひとりで滞在するなら、かつてメイド部屋として使われていた屋根裏部屋を候補として考えてみるのもいい。建物の最上階にあり、エレベーターがない場合が多い。

映画などで見てロマンチックなあこがれを抱いている人もい

るだろう。かなり狭いが、その分、家賃を抑えることができ、フランス人の大学生もよく住んでいる。台所やトイレは共用である。

カップルの場合、若い男女なら屋根裏部屋でもいいだろうが、リタイアしたシニア夫婦には少々厳しい。狭いと心理的にストレスがたまり、イライラしてついつい喧嘩をしてしまいがちだ。故郷の家を遠く離れて仲裁に入ってくれる人もない。夫婦ふたりでロングステイするなら、広さが30㎡くらいはあったほうが気分的には楽だろう。

パリのアパルトマンは家具付きではないのが普通で、家具付きを探すのが難しい。

ただし、フランスらしい洗練された高級感ある家具が置いてあると想像していると、落胆するので気をつけたい。安手の家具が一通り揃っているだけと思ったほうがよい。

私たち夫婦は家具を買うのも楽しみのひとつと考え、あえて

クリニャンクール

100年以上の歴史を持つ世界有数の蚤の市。約2000店のアンティーク店が並ぶ。土曜〜月曜 10:00〜13:00　14:00〜17:00

家具なしのアパルトマンを選んだ。照明も何もなく電球から揃えなければならないので大変だが、それこそパリの暮らしだ。パリにいることを身をもって味わい、買う楽しさを満喫した。

こまめに足を運んで好きな家具を揃えることは本当に楽しかったし、気に入ったものは日本に持って帰ることもできる。**クリニャンクール**の蚤の市を見てまわり、骨董のシャンデリアを買ったり、食器棚を買ったりと楽しい思い出ができた。

最初に購入したのは、生活に欠かせないテーブルとベッドで、これらは普通の家具店で買った。布団については出発前に日本から送っておいた。

そのアパルトマンには滞在中何かとお世話になる日本人の女性Tさんが住んでいたので、その人のお宅宛に送ることができた。

住む地域と情報の集め方

アパルトマン暮らしを実現するには、まずは不動産屋さん探しだ。日本に本拠を置く不動産業者のなかにも、パリの物件を紹介する会社がある。インターネットでもおよその家賃の相場、住む地区などについて調べられる。

検索サイトで「パリ　不動産　日本人」とキーワードを打ち込んでみると、さまざまな現地情報、不動産選びのポイント、不動産業者のサイト情報などが入手できる。実際に物件が出ていたら、Google map などを使って、周辺の環境をチェックしてみるのもいいだろう。

在仏日本人会が発行する『フランス生活便利メモ』は、パリで日常生活を送る上で必携の1冊であり、不動産業者も掲載されている。パリに暮らす日本人向けフリーペーパーも貴重な情報源だ。

Ovni

パリで発行されている日本語のフリーペーパー。

ホームページは https://ovninavi.com/

掲示板の「貸し物件」に住まいの情報がある。ニュースダイジェスト毎月２回発行　FR JAPON（エフ・アール・ジャポン）毎週金曜日発行

在仏日本人会

ホームページは https://nihonjinkai.net/

『フランス生活便利メモ』はホームページから申し込みでき、日本にも送付してくれる。https://members.nihonjinkai.net/

そのひとつ「Ovni」は毎月２回発行される小さな新聞で、パリの日本食料品店、日本食レストランなどで無料で手に入る。その他日本人会の催し物などの情報が載っている。

不動産屋さんにあたりをつける時は、まず日本語と英語を話すかどうか確かめる。もちろんフランス語が堪能な人はそう限定しなくともよいだろうが、商習慣など異なることが多いので日本語が通じると心強い。日本人の経営する不動産業者はパリに何軒かあるので、希望を伝えて最新の住宅事情を聞いてみるといいだろう。

滞在期間を有効に使うには、渡仏前に物件を決めて契約できるとよいが、やはり土地勘がないと後悔することが多い。住む地区については好みもあるだろうが、滞在期間が１、２年と長くない場合、郊外はお勧めできない。予告もなしに電車が止まることがあるし、行き来にかかる時間がもったいないと思う。

パリ市の行政区は中心ほど番号が小さくなり、一般的に安全

カルチェラタン
　セーヌ川左岸のエリア。5区、6区にまたがる。ソルボンヌ大学などがあり、学生も多い。

性が高くなるが例外もある。賑やかな中心部の裏手に住むのが理想的であり、なかでも16区は高級住宅地であり、治安が良いが少し淋しい。

　私たち夫婦が住んでいたのは、**カルチェラタン**の5区。隣接する6区、7区も学生が多く賑やかな感じがあって楽しい。このあたりにはパンテオンやダン・ブラウンの著書「ダ・ヴィンチ・コード」で有名になったサンシュプリス教会、リュクサンブール宮殿、リュクサンブール公園、植物園などもある。食料品店も多く買い物に便利だ。

　なお、パリ西郊にある再開発地区デファンスに住むことは、あまりお勧めしない。道が迷路のようになっていて、駅に行くにもスーパーに行くにも疲れてしまう。エッフェル塔周辺は比較的治安も良くお店も多く楽しい。イタリア広場、モンマルトルあたりは賑やかだが治安があまりよくないので避けたほうがよいだろう。

家賃の相場

アパルトマンの家賃は、地域によるが、東京の都心と同じかそれより高いと考えておくとよいだろう。私たち夫婦の借りたカルチェラタンの物件は、家具なしで70㎡の広さがあり、月2200ユーロだった。

普通パリの中心に住むとなると日当たりはあまり望めないが、私たちの住まいは南東向きのアパルトマンの3階で、小さな庭に木が2、3本あり日差しがまずまず入るところが気に入っていた。

契約する際、仲介業者に家賃1か月分の手数料を、家主には「コーション（保証金）」という日本の敷金のようなものを同じく1か月分払った。保証金は退去する時、清算や修理などに充てられ、戻ってきたのは半分くらいだったが、まだいいほうだろう。

また、アパルトマンの賃貸契約を解約するには、多くの場合3か月前に家主に知らせる必要があるので注意したい。

アパートメントホテル

パリに着いてからアパルトマン探しを楽しみたい場合、到着してしばらくはアパートメントホテルに滞在する方法もある。日本から予約し、何週間かそこに宿泊しながら自分の目で見てまわり、焦らず落ち着いて気に入った部屋を見つける。そのために何週間か費やすのはもったいないと見るか、それもまたパリを知る楽しみと見るかは、滞在期間の長さとその人の考え方次第だろう。

アパートメントホテルは、家具、調理器具が揃っていて掃除、シーツ交換などハウスキーピングのサービスがあり、防犯対策

筆者が住んだアパルトマン

もとられている。電気、ガス、水道、インターネット、電話、テレビ、日本語放送受信といった諸々の契約は家主や管理会社が手配してくれるので手続きに煩わされることがない。滞在許可証のための書類も簡単である。

系列のアパートメントホテルがパリ市内に何軒かあるところを選べば、気に入らなかった場合に同系列の別の場所に移ることも楽だ。予約にあたっては、アパートメントホテルと直接契約するよりも、パリに支店がある旅行代理店を通じて契約をしたほうが安心だろう。万一トラブルになった場合に、代理店に対応してもらえる。

銀行口座を開く

パリに長期滞在するなら、現地の銀行に口座を持つ必要がある。パリの住民になった証だ。

日本語で相談できる行員のいる銀行一覧

・Caisse d'Epargne
21 rue de Louvre 75001 Paris
Tel 01 53 00 82 60（月～金の 8:00～16:00）

・LCL
20 avenue de l'Opéra 75001 Paris
Tel 01 44 58 94 25
（月～金の 9:00～17:00　ただし木のみ 9:30 から）

ただし、パリに到着してすぐに銀行口座を開くことはできない。手続きに必要となる長期滞在ビザ取得に時間がかかるからだ。また、口座開設のためには戸籍抄本も必要である。

銀行選びは**日本語で相談できる行員のいる銀行**がやはり便利である。

口座を開設すると、日本の銀行口座から振込ができるようになる。日本の銀行から振込用紙をもらっておくと日本からフランスへの振込ができるので届け印を押した用紙を用意する。

家の賃貸契約を結ぶ際は、銀行口座開設証明書や残高証明を求められる。

そのため日本を出発する前に、日本の銀行口座の残高証明書（英語かフランス語に翻訳する）を発行してもらい、必ず持参すること。賃貸物件の損害補償契約などにも必要となる。

シテ島
パリの中心部のセーヌ川の中に浮かぶ島。ノートルダム寺院がある。

❖滞在延長を申請する

フランスに1年以上滞在する場合には、滞在延長の手続きを県警察で行う必要がある。パリではパリ警察に出向く。**シテ島**内のノートルダム橋（Pont Notre-Dame）を渡ったところにあり、入口は北側に位置している。アジア人は「SALLE ASIE ─ OCEANIE」で申請する。場所がわかりづらいが、書類を見せると警察官が教えてくれる。事前予約しても非常に長く待たされると考えたほうがよい。

私たちが行った時には担当官が4人いたが、滞在延長が許可されるか否かの判断は担当官によって違うように見えた。申請を取り扱う業者同伴で来る人もいて、担当官と業者は親しそうに見え、スムーズに事が進んでいた。

夫婦ふたりで出向いた私たちはそうはいかず、必要書類はすべて用意していたのだが、担当官はまず健康診断書がフランス語でないことに文句を言った。さらに、提出すべき必要書類に挙げられていないのだが、銀行口座の1年間の出入金記録がないから受け付けないと突っぱねられた。2時間も待ったうえでの却下である。

続けてその担当官は指定した日時に再度来るように、来られないようであれば日本に戻ってはじめからやり直せと言い放った。まったく一方的な言い分に反論したが、何の容赦もなかった。

じつは、本当にそのようなことになってしまった。指定された日は一時帰国する予定だったので、振り出しに戻ることとなった。パリに戻ってから移民局で再び滞在許可証を申請し直さなければならなくなったのだ。

このような目に遭うことを避けるには担当官と親しい業者に頼んだほうがよいのかもしれないが、どのような仕組みなのかはわからない。これくらいで負けてはいけない。

ブルゴーニュにて筆者

帰国時にすること

パリ暮らしの日々は飛ぶように過ぎていく。帰国予定が近づいたら、前述したようにアパルトマンの解約は3か月前に家主に知らせること。保証金のうち返還される残額は、銀行口座に振り込まれるように手配しておく。ユーロ建ての小切手で受け取ると、換金に時間とお金がかかるので振込みのほうがよいだろう。

そして、帰国が迫ったら銀行の口座閉鎖の手続きをする。事務的な閉鎖は約2か月後であり、その間に発生した支払い、敷金の残金、保険などが銀行に振り込まれる。

2章

パリのグルメ事情

フランス料理とは何か

世界の人々に「どの国の料理がいちばん好きか」と尋ねた調査がある。1位は中国料理で、フランス料理は2位だった。中国系は人口が多いことも影響しているのだろうが、まあそれなりに納得だ。材料を切ってたっぷりの油で炒めたものが典型的な中国料理として頭に浮かぶが、ではフランス料理とは何であろうかと考えるとひと口には言えない。

ちなみに、当時はまだ日本料理の認知度が低かったが、今日ならきっと日本料理は2位につけるのではないかと思う。

ある時、フランス人にフランス料理とは何かと聞いたところ、ステーキという予想もしない答えが返ってきて少しびっくりした。

日本ではフランス料理というと華やかでロマンチックな雰囲気、特別な機会に食べるものというイメージがある。だが、考

ヒラメのムニエル

えてみるとフランス人にとっては日常の食べ物であり、それが肉なのであった。
フランス人は赤身の牛肉が好みのようで、霜降り肉は敬遠され、めったに売られていない。パリでよく通っていた肉屋さんは、日本人が霜降り好きとわかっていて「奥さん、今日はいいのがあるよ」と勧めてくれた。
だが、霜降りのレベルが日本と違う。硬い赤身の中に少し白い脂肪がある程度。噛むことは健康に良いが、その味が重要である。
フランス人がバターを多く使った柔らかい料理とかチーズばかり食べていても、日本と同じような長寿であるのは、もしかしたら小さい頃から赤身肉をよく噛んで育つ恩恵なのかもしれない。

我が家のギャルソン

フランス料理はコース料理

パリのレストランの入り口には、たいていメニューが張られている。見るだけで想像がかきたてられ、客はそれを吟味して中に入る。

席に着くと給仕がうやうやしくメニューを持ってきて、客は何がよいかなとゆっくり時間をかけて選ぶ。店の人が注文をせかすこともない。

昔、給仕のことをギャルソンと呼んでいた。ギャルソンは英語でボーイの意味、いかにも目下にみたニュアンスがあり、昨今では使わない。ムッシュー（だんな）になった。話が飛ぶが、我が家の愛くるしい猫をギャルソンという。猫だから良い。ギャルソンの妹はコロラトゥーラ・ソプラノで鳴くのでコロラと名付けた。

さて、フランス料理だが基本は前菜、主菜、デザートの順に進む。いろいろなものがひとつの器に収まった松花堂弁当のようなものは存在しない。いよいよオーダーとなった時注文を取りに来るムッシューは給仕の中ではいちばん偉い。たいてい年配で料理をよく知っているし味も知っている。こういう人は決して料理を運ばない。

まず「アペリティーフ（食前酒）は何にしますか」と聞かれる。シャンパン、または多彩な香りと味がするリキュール類などを頼むことが多い。何も欲しくない時は「いえ、結構です（non merci）」と断っても、嫌な顔はされない。ワインでもよい。

次に前菜であるが、これは日本人にとって親しみやすい。その店独自の工夫がなされて彩り豊かできれいでおいしい。たいてい前菜の前にざっくりと切られたパンが運ばれてくる。とくに料金は取られず、おいしいからとつい食べ続けるとお腹がいっぱいになってしまうので気をつけたい。

フランス料理と言えばフォアグラだが、フォアグラのテリーヌなら前菜だ。同じフォアグラでも焼いたものは主菜になる。

個人的には、生産地を見に行ってあまりの悲惨さに食べるのが怖くなった。食べないと決めている。

広い草原で放し飼いにされていたガチョウやアヒルは、あるときになるとケージに入れられて朝晩強制的にエサを与えられる。ジョウロのようなものを喉に入れて、トウモロコシをいっぱいまで流し込むものだ。

だから、鳥たちはエサやりの人を見て恐ろしそうに逃げ回る。3~4か月でお腹が床につくような大きな脂肪肝になると処分される。この方法は古代ローマより伝わっているが、動物愛護の観点からすると残酷であり、当然、論議が起きている。

さて、前菜の次は、希望すればスープ。私としてはワインを楽しみながらでは、胃の中での棲み分けが難しいのでパス。

そして、メインディッシュだ。高級店ではその後にチーズ、デザートと続く。メインディッシュもデザートもメニューに書

プラ・デ・ジュール
Plat du jour 「その日のお皿」、つまり「本日のおすすめ」

かれた3点ないし4点から選ぶことが多い。メインディッシュは値の張る料理であれば魚、肉の順に供される。

魚も肉も工夫が凝らされ、こまやかな装飾により絵画のように見える。最近は、フランス料理も高級店であればあるほど日本料理を真似てメインディッシュの量が少なくなった。魚の切り身や鶏の半身がどんと出てきた昔が懐かしい。

❖昼食に何を頼むか

街歩きをした時などの昼食には**プラ・デ・ジュール**を頼むのがお勧めだ。店がたくさん仕入れたり、前日にあまったりした食材を使った一品である。注文するのが楽だし、味も良い。

その昔、あまり高級でないレストランでプラ・デ・ジュールの説明を求めたが、きちんと対応してくれなかったことがある。おそらく日本人とわかって、フランス語が通じないだろうと面

パリのレストラン

倒がられたのだと思う。ディナーのときのような親切なサービスを期待しないほうがよいだろう。

何を頼んでよいかわからない場合は、メニューのいちばん上に書かれているものを物知り顔で注文することをお勧めする。店の定番で自信のある料理だからだ。

レストランのサービス

フランス料理はやはりワインとともに楽しむと、より味わい深くなる。どこでも同じだが、ちょっと名の知れたワインであれば非常に高くつく。私はアルコールを飲みながらでないと食べ物が入っていかないので、料理を口に運ぶ回数だけアルコールは欲しい。

そうするとワインの値段が料理そのものより高くなってしまう。そんなこともあり、自分で料理するほうが好きなこともあって、高級レストランにはさほど行かなかった。

安心していただきたいのだが、きちんとしたレストランでは高いワインを強引に勧めはしない。客に嫌な思いをさせない計らいとして、安いグレードから提案する。本当のソムリエはそうであるべきだろう。これは料理についても同じことが言える。それがグルメの国である。

ただし、魚のサーブの仕方はいただけなかった。中級以上のレストランであれば、珍しい魚やまだ動いている新鮮な魚は調理前に銀の皿に載せて恭しく運んできて客に見せる。

それはよいのだが、オーブンで焼き上がり、銀の大皿に載せられた魚は給仕が器用に骨、皮、頭部を取り除き、各人にサーブする。私はその取り除かれた部分が食べたかったのだ。ただの身だけでは味が単調でつまらない。

高級魚の代表は**舌平目**であり、年中オーダーできる。海底にへばりついているため平たい形をして、表は灰色、裏は真っ

舌平目

フランス語でsole（ソウル）。

白、長さが50㎝以上のものもある。よく太った身は深い味わいがあっておいしいが、縁側こそがカリカリと香ばしく実に美味なのだ。これがフランスでは捨てられてしまうのだから、なんともやるせない気持ちになる。

魚屋さんには舌平目の皮を剥がす道具が常備されていて、買い手がつくとすごい音を立てて、皮を剥がし捨ててしまう。ほかの客のものでも「あ！　それちょうだい」と言いたくなるが、さすがに言えない。行きつけの魚屋さんは覚えていてくれて、私が買う舌平目の皮は剥がさない。

塩胡椒をしてバターで焼き、白ワインを振り掛ければ、簡単に高級料理の出来上がりだ。自分で料理すれば皮と縁側があるから、その分、よりおいしい。この楽しみを知らないなんてかわいそうにと思う。日本人でもフランス暮らしが長いと、フランス式に魚を身ぐるみ剥がしてフォークとナイフで食べている。フランスでも白身魚は高く、舌平目は牛肉並みの値段がす

る。
魚料理の次には肉料理が供される。皆が食べ終わるのを見計らって、次の料理が運ばれてくる。絶妙なタイミングはサービスの一環だ。日本のように誰かがまだ食べている途中なのに次の料理を持ってくることはない。

食材の多様さ

フランスは今や多民族国家なので魚に限らず食材の種類は多い。隣国のイタリア料理の材料は豊富であるし、サフラン、カレーのスパイス、ナッツ類、豚の脂身、乾燥肉魚、チーズ、ハム、ソーセージをはじめ、食料品店には何かわからないものまで多種多様にある。

近所のムフタール通りのおよそ600mに連なる商店街には3軒の鮮魚店があった。経営者は同じだが、1軒では商品を置きされず3軒に分散させたというわけなのだ。

以前は魚屋さんで地中海で獲れた生のマグロを扱っていた。地中海産と書かれていても養殖ものである。冷凍されていないのでおいしい。

たいていは分厚く輪切りにした状態で売られているので、たまに腹身の部分を見つけると小躍りした。そこの魚屋さんの品物はとても新鮮で、臭いがしなければたいていの魚はお刺身にして食すことができた。フランス人が生魚を食べないのは惜しい話だと思った。

フランスでも寿司がはやるようになってマグロは貴重品になった。安い寿司店は中国系、韓国系の経営であることが多く、マグロなどの高級なネタは使われていない。ポピュラーなのは鮭である。また、韓国料理店も10年くらい前は見かけなかったが、今は韓国通りができて韓国料理も食べられるようになった。もちろん中国料理店はいたるところにある。

トリの丸焼きロテイを売る肉屋さん

さて、フランス人の好きな貝類や蟹、海老などの甲殻類、そのほか鰻、塩づけの鱈、燻製類なども鮮魚店では売られている。日本のように魚が豊富な国はないなどと思っていると、世界は広いことに気付かされるだろう。

フランスだけでなくスペインだってスイスだって、よだれが出るくらいさまざまな海の幸が売られている。私たち夫婦はかつてジュネーブ近郊のフランス領の小さな村で、フランスの思想家ヴォルテールが晩年に居を定めたヴォルテール城の近くに住んでいたことがあった。

その村では毎週土曜市が開かれ、各国出身の住民の需要を満たすべく、多種多様な食材が売られていた。長い輸送も厭わず地中海、北海などから内陸の村まで、魚をはじめ乳製品や調味料などが集まって来た。魚はたいてい生で食べることができる鮮度で、高級な魚で1キロ35ユーロと4500円くらい。魚は可食部が限られ、肉より割高で庶民には高値の花だが、日本に

ブルターニュ
フランス北西部の大西洋に突き出た半島を中心とする地方。
モンサン・ミッシェルで有名。乳製品、塩、そば粉のクレープ、魚介類と食べ物の宝庫。

比べれば安かった。

フランスの牡蠣

最近は保存技術が進んだのであろう、牡蠣が夏にも売られていて、身は痩せているが味はまずまずだ。もちろん冬の豊かに太った生牡蠣とまではいかないが。**ブルターニュ**の牡蠣養殖は有名で、フランスのほとんどの牡蠣はブルターニュから運ばれる。

1970年代に寄生虫の蔓延でフランスの牡蠣が壊滅的打撃を受けたことがあった。その時に助け舟を出したのは宮城県の牡蠣業者である。フランス人はそれを覚えている。

牡蠣の食べ方については、フランスでは日本のように加熱しない。私も生牡蠣はよく食べたがお腹を壊したことはない。「ヴェルト・ド・クレール（クレールの緑牡蠣）」という牡蠣は

エカイエ
牡蠣の殻を開ける職人。écailler

水槽の中で特殊なバクテリアが育っていてその力で身が緑色になる。その緑色がエキゾチックでふわふわした宝石のようだ。日本人は潔癖な人が多いが、私は魚や牡蠣、貝類はおいしさが逃げてしまうので洗わないで食べてしまう。

魚介を出すレストランには**エカイエ**と言われる人がいて、店頭のスタンドで冬の寒い日には足元にヒーターを置きながら1日中牡蠣などを剥いている。レストランではいろいろな種類の貝やロブスター、エビ、カニなどを氷を張った3段重ねの皿に盛って出される。

fruit de mere（海の果実、すなわち海の幸）と呼ばれ、冷たい白ワインを飲みながら当然手づかみで食べる。店頭のエカイエに頼んで、剥いた牡蠣を持ち帰ることもできる。

日本では冬に出稼ぎに出る人が多かったように、エカイエは冬、モンブランに近いオートサボア県からやって来る人が多いという。

❖ 牡蠣よりおいしいムール貝

ヨーロッパ人は生のムール貝はほとんど食べないが、私は気の利いたエカイエにめぐりあい、ムール貝を剝いてもらって世界でいちばんおいしい生の貝だと知った。それに安い。1キロ700円くらいであるし、そもそも1キロは量が多く食べられない。

以来、ムール貝を買って自宅で剝いて生で食べるのが牡蠣より好きになり、懐事情が好転した。ムール貝は身がオレンジ色でふっくらと柔らかく、周辺のひもはコリコリして牡蠣にはない口触りがある。

ムール貝はフランスやスイスでは、ワイン蒸しにしたものが洗面器くらい大きな器に盛られて供される。その量の多いこと！　それで500円くらいと安い。岩に付くムール貝は日本で言うフジツボみたいなもので、養殖されているが、高級レストランで出されることはない。

❖バラエティー豊かな食

フランスでは**付加価値税**は最高20パーセントである。日常使う食料品にはほとんど税金はかからないが、ワインにはこの税金がかかる。前述したようにいろいろな食材が豊富に売られていて、その日のメニューに困れば歩いて5分とかからないムフタール市場に行けば用は足りた。

フランスの加工品の筆頭にはチーズが挙げられる。そしてハム、ソーセージ……。フランスのハムは客が買う量を指定して初めてスライスされる。こういうものはすぐ劣化し、翌日には味が落ちる。だからハムの一枚買いなど平気の平左で、そうしている老人をよく見かけた。売るほうも心得たもので嫌な顔ひ

付加価値税
日本の消費税のようなもの。VAT

とつしない。保存料の入っている日本のハムが何日も持つのとは大違いだ。

肉について言うと、私は豚の挽き肉料理が便利なのでよく作るのだが、ほうぼう探しても挽き肉は手に入らなかった。ある肉屋さんは快く肉の塊を挽いてくれた。朝に頼んで夕方取りに行っていた。豚肉は安いので最低５００グラムは頼まないと悪い気がした。

肉はフランス人にはパンと同じように重要な食糧だ。競争が激しいからか肉屋さんの店員はみな親切であった。

ジビエなんて！

ジビエなどという冬にお出ましになる野生のイノシシ、シカ、雉、野うさぎの料理を知っていることが、フランス料理通になるらしい。ジビエはやはりクセがあるのだが、日本でもネット販売の普及で一般の人にも行き渡るようになった。家畜は衛生管理が配慮されて育つが、ジビエは野生の動物の肉そのものである。

イノシシ肉ではE型肝炎ウイルス、鹿肉では腸管出血大腸菌、腸チフスに感染するサルモネラ属菌の感染事例があり、食する場合は75度以上で1分間以上加熱する必要がある。雉肉を食べていて散弾銃の弾に行き当たり、ジビエとわかったこともあった。一般にレストランでは濃いソースで味付けされていて、脂身が少なくパサつき気味で、しっかりと噛まないと食べられない。

住んでいたアパルトマンの近くに、ジビエを供する一つ星のレストランがあった。女性オーナーが料理以外のすべてを取り仕切り、週末だけ開いていて、足しげく通った。

❖フレンチ・パラドックス

フランスは約55万㎢の国土のうち農地が半分くらいを占める農業大国である。そして、いたるところに牛や羊が放牧されている。山羊などはさほどこまめに世話をせずとも収入が得られるのだ。こうした豊かな食肉がグルメの国の背後にある。

子羊は高級料理でフランスでは好まれるが、私はあのかわいい姿を思うと食べる気になれない。羊の肉の塊を見て若い女性が「おいしそう」と言ったのにはびっくりした。

もちろん鳥料理も種類が多い。鴨、鶉をはじめもちろん鶏もある。鴨と鶉料理は食べるところが少ないので高くついてしまう。フランスでは鶏や豚肉はハーブや干しブドウ、ナッツを入れたりしてオーブンで焼いて切り分けて食べることが多い。

いたって簡単な料理で、こういうのを「ママンの料理」といって懐かしむ。鶏は塩胡椒、場合によっては米にレーズンや栗を

詰めて丸焼きにする。さして手間がかからないから家庭でよく作られる。

フレンチ・パラドックスというのがある。フランスにもアメリカ人のような極度の肥満はなくはないが、ごく少ない。牧畜が盛んでバター、生クリームなどの飽和脂肪酸を多く含む乳製品を多く摂取するが、平均寿命が短いわけでもない。

赤ワインに冠動脈の硬化を防ぐとされるポリフェノールが多く含まれるので、乳製品や肉類をたくさん食べてもほかのヨーロッパ諸国でワイン以外のアルコールを飲む人々より長生きするというきちっとした統計がある。

さてレストランでの食事が終われば、セーヌ川の右岸から庶民の街左岸にある自宅に向かう。暗い地下鉄で帰るとせっかくの料理の後味が悪くなるので、タクシーを拾う。

パリも省エネで街路の照明が少なくなり薄暗い街となった。華やかであったシャンゼリゼ通りも光の賑わいがなくなり、空

セーヌ川にかかるアレクサンドル三世橋

港の滑走路のように見える。

セーヌ河に架かるコンコルド広場とナポレオンの眠るアンヴァリッドをつなぐ豪華なアレクサンドル3世橋だけには光の芸術が残っており、そこを回ってもらい家路に着く。

バゲットの世界

食べ物を文明の尺度と考える人は少なくない。イギリス人は食べ物のような軟弱なことを考える暇があれば、哲学的な思索をし、創造的なことをするのが人間のあるべき姿だと言う。日本人にも食べ物はただの餌でエネルギーの供給源に過ぎないと思っている人もいる。それで何を食べてもおいしいともまずいとも言わない。本当のところは味音痴なのかもしれない。

フランス人はその対極にある。フランスの食文化はパンを抜きに語ることはできない。ワインをまず挙げるかもしれないが。

パリで暮らし始めたばかりの頃は、店の開く7時半に焼きたてのバゲットを毎日買いに行っていた。それを食べるのが至上の幸せであったのだ。

焼きたての香ばしいパンを食べて1日がはじまる。バゲットは1ユーロあまりで買える。もちろん高ければ良い味がするのは当然だが、焼きたてのバゲットはどれもおいしい。1本あれば夫婦ふたりの朝食となる。

小麦粉以外にいろいろな原料、例えばライ麦などを使った色の濃い直径30㎝もある丸いパンなどもある。外がカリカリ、中がしっとりとしておいしい。焼き方は難しいだろう。

クロワッサンは2ユーロ以上するので一般の人は朝食用には買わない。パン屋では主食のバゲットの安さを補うために高めの値段にしている。焼きたてのパンを買うために男性も朝から店にやってくる。男の仕事といってよい。

フランス人は食べるためであれば仕事だって早引きして帰っ

てしまうくらいである。夕方にレストランが開くより前にドアの横に貼ってあるメニューの品定めをしている。食へのこだわりは半端でない。フランスは文明が進んだ国なのかと問われれば、食文化だけでも躊躇なく「ビアンスール（もちろん）」と答えるだろう。

❖エンゲル係数と働き方

フランス人の平均月収は手取りで2000ユーロ、共働き率80％であるから、世帯の収入は4000ユーロ近辺とかなり高い。食料品が安いので、エンゲル係数はお金持ちでなくても低く、日本人の私から見ると生活は楽だと思う。教育費も平均以上の成績であればすべて公費で大学まで行くことができる。

フランスでは労働時間が1週間35時間と短い。この35時間というのは一応の規則であるが、それ以下しか働かない人もい

る。4時ごろになると男も女もスーパーにやって来るから職場をもっと早く出ているはずだ。日本は1日8時間労働として週5日で40時間労働となる。

フランス人より収入は多いが、時間給にするとフランス人より低いと思う。税金、社会保障費、教育費など違いがあるので一概に生活の質を論じることはできないが。

ただ、フランスでは1年に休暇を5週間も取ることができるので、日本よりずっと自由時間が多い。平均的なフランス人はバカンスのために働く。労働は楽しむための苦役と考えている。

日本人の海外旅行の平均的な日程が7日間などと聞くと、なんたる違いかと思う。例えば退職後にパリに行くのを夢見て懸命に働くとしても、たった7日だけしか海外旅行ができないなんてあまりに短い。

もっともフランスのバカンスも、一朝一夕にできたものではない。もしかしたら日本でもＡＩの発達で人手がいらなくなっ

ブランジェリー
パン屋のこと。boulangerie
職人がパンの材料を選び、店で焼き上げたパンをその店で売る。

たら、5週間の休みが取れるようになるかもしれない。それはそれで問題も多いのだが。

再びバゲット事情

ブランジェリーはその地区の主食を支える生命線である。パンの値段は政府によって管理されていて、誰でも買える値段でなければならない。日本でも昔は米の値段を政府が決めていた。おいしいパンは高価だが、それを買う人もパリでは多い。

私たちが住んでいたカルチェラタンは学生街であると同時に住宅街でもあり、アパルトマンが多く、人口が密集しているので近くにブランジェリーが3、4軒あり、いろいろ変えて楽しむことができた。

そのなかに「○年度のバゲット部門優勝」と書かれた表彰状が飾られている店があった。だが、すごくおいしいというわけでもない。ふつう主食になるバゲットは日本のように砂糖やバターを入れたりしない。砂糖は酵母菌の発酵の栄養になるので必要だが、フランスのバゲットは甘くなく砂糖は入っていないように感じた。では何を酵母菌の発酵エネルギーとしているのか不思議に思った。

日本の食パンはほとんどに砂糖やミルク、バターが入っていて甘ったるく、主食にするには味がありすぎる。パンをよく知る人が増えて最近は日本でもバターを使わない成熟したパン屋が出てきた。

フランスではパンを焼いて食べる習慣はなかったが、昨今はパンを冷凍しておいてトースターで焼いて食べる人も増えてきた。子どもの数が増え、共働きが当たり前の社会になって食習慣も変わってきた。

調理を必要としないパン文化は米文化より簡単だ。半面、矛盾するようだが米文化は米を自宅で煮炊きできるので簡単と思うこともある。パンは雨が降っても雪が降っても自宅に予備がなければ買いに行かなければならない。

日本人はパン文化を食事に取り入れたが、フランス人が米を主食に食べる話は聞いたことがない。米はジャガイモと同じで肉や魚料理の付け合わせとして食すだけだ。ほとんどの場合、バターでソテーされているので米のこまやかな香りや味わいなどは求められない。

朝食にはバケットを縦半分に割り、バターとジャムをつけて食べるのが普通である。フランス人はジャム作りが好きで、その季節になると鍋をかき回しながら出てくる香りがどこからともなく漂ってくる。

朝食にハムや野菜や果物を食べる習慣はない。高級ホテルのお高い朝食でも、パンとバター、ジャムと飲み物のコンチネンタルブレックファストだから物足りないという旅行者は多い。日本では朝の食事をしっかりと食べるように言われるが、フラ

ンスではそれくらいしか食べなくても特に力が出ないというわけでもない。
子どもも同じで、バゲットとミルクを朝食として摂って学校に行ってくれるから親は楽であろう。そのような朝食スタイルだから、ある知り合いのフランス人は来日して旅館の朝食に並ぶ品数に感動したと言っていた。
バゲットを2、3日テーブルの上に置いておくと、ちょっとやそっとでは噛み切れないほどコチコチになる。食べるにはコーヒーにつけたりして柔らかくしないと、どうしようもない。そこでコチコチのパンは鳩にやることにしていた。夫婦ふたりだけで食べるためにパンを買ってくるので、どうしても残ってしまう。餌にするには金槌で砕く必要があった。これは本当の話で、日本人はなかなか信じてくれず、フランス人にしか通じない話である。

パン職人の早すぎる引退

好みのブランジェリーがバカンスに入ると、1か月はなじみのパンが食べられない。いつも買っているパンがないからといって、ほかの店に行くのは味の点で一歩身がひける。落ち着かないのだ。好みのパンを求めて遠いところまで出向くか、スーパーで間に合わせるかの覚悟をしなければならない。それほど大事なことになっている

パン職人の仕事は過酷である。午前5時とか6時の皆が寝ている時間にパンを焼かなければならない。発酵の作業はもっと前にしている。こねる作業は機械がしてはくれるが、たねを入れる時に飛び散った粉や酵母を吸うことになる。パリではパンは地下で焼かれるし、悪い空気も入りこむから、肺の疾患になっても当然だと思う。

個人商店では焼き手が主人ひとりで、定休日とバカンス以外

バケットが並ぶブランジェリー

は休めない。パンを焼く地下工房の上にある空気孔からは暖かい空気が出てくるので、寒い季節になるとその上で暖を取るホームレスの姿をよく見かけた。

昔住んでいたフランスの田舎のパン屋さんでは、ご主人がパンを焼き、奥さんが店に出ていた。ご主人は日中寝ているので、昼間その姿を見たのは一度しかなかった。彼は体を悪くして50代初めで店を閉じてしまった。具体的な病名は言わなかったが、「夫はひどく疲れてしまった」と妻が言っていた。おそらく長年にわたって粉や酵母菌を吸い込んだことが関係し、肺の病気になったのだろうと思った。粉によるじん肺かもしれない。

その後、店は娘に引き継がれたが、あまりはやらなかった。娘の恋人がパンを焼いていたが、もともとパン屋の跡継ぎではないわけで、彼女には愛情があったがパンに愛情がなかったのだろう。

そのお店については、お祭りがあった日のウィンドーディス

いろいろな種類のパンが売られている

プレイを思い出す。きれいな布を敷いた上に菓子パン、ケーキ、チョコレート、ジャムなどを飾っていた。

奥さんが飾りつけたようで、どこかオペレッタのワンシーンのような雰囲気だった。こんな小さな村でもこのようなデコレーションをするなんて、フランスはなんて奥深い美の国だろうと改めて感じ入った。

どのお店に限らず、フランスのブランジェリーはまるで大きな人形をショーウィンドーに飾るようにバゲットを立て掛けて並べてある。寒い冬に凍えた手で扉を開けると、ふわっと暖かくておとぎ話の世界に入ったような気持ちになった。

ラテン民族のパンの味

フランスはヨーロッパで1位の農業国であり、小麦、大麦、とうもろこしなどが栽培されている。電車でパリから10分も走れば畑が広がっている。フランスではその年に収穫した小麦を使うので抜群にパンの味が良い。

お隣のスイスでは有事に備えて1年分の小麦を備蓄し、前年の小麦から使うのでパンの味が落ちる。スイスには小麦畑になるような平地はあまりないので小麦はほとんど輸入されたものだ。スイスらしい律儀なやり方といえよう。

イタリアやスペインもパン文化だが、なぜかフランスほどおいしさを感じない。イタリアはパスタ命なのでパンはどうしても付属品になる。スペインは降雨量が少ないので小麦の質も良くないのか、おいしいパンにめぐりあったことがない。そのかわりパエリアなどの米料理はおいしい。

ケーキはパン屋で売っている

ほとんどのブランジェリーでお菓子が買えるのも主食とデ

パティシエ
菓子をつくる職人。pâtissier（女性は pâtissière）

ザートが対をなすフランスの食文化の特徴である。品揃えを見ると、何年経っても変わらない味と形を提供しているように見える。きっと「完全なケーキができたから、もうこれ以上いじれない」と**パティシエ**は言うのだろう。

フランス人は古いものが大好きで、お菓子の形も20年も変わらないで存在している。日本のような細かな細工はなく、とにかく大きくて素朴である。大きすぎて私などは2、3回に分けないと食べ切れない。

男の人がお菓子を買って抱えて帰る姿もよく見かけた。幸せを絵に描いたような光景だが、もしかしたら別れた妻に引き取られた子どもと週に一度会う機会に持っていくのかもしれない。妻はいなくて自分ひとりで食べる人もいるだろう。フランスではカップルの入れ替わりが激しい。

❖フランス人はチーズが大好き

ケーキづくりに欠かせないのが乳製品である。そこで、不思議に思うのが、チーズなどは多くの種類があるのに牛乳や生クリームの種類が少ないことだ。パリでも田舎でも同じメーカーで、普通の牛乳と低脂肪乳くらいしか見かけなかった。特別おいしい感じはしないが、自然の味わいとはこんなものかと思う。過度な競争をしないような仕組みを作っているのかもしれない。

そして、乳製品と言えばチーズがある。とにかくフランス人はチーズが大好きだ。日本人の私にもチーズ独特の香りは体に染みこむ。

あるとき若い女性が「今日はチーズパーティーよ」と楽しそうに言っていた。チーズ専門店で何種類ものチーズを大きな紙皿に載せてもらい、そのまま持ち帰って友人に供するわけだから手間いらずだ。

あとはバゲットとワイングらいを用意すればすむ。チーズは赤ワインと相性がいいが、私の場合、白ワインではお腹の収まりが悪いことがある。もちろん人それぞれであろうが。

中級以上のレストランでは、食後のデザートの前にチーズが出される。5、6種類のチーズがきれいに皿に載せられて運ばれてきて、客が選んだものが切り分けられるから新鮮でおいしい。

高級店ではヤギのチーズが加わっているが、そこそこの値段のレストランでは供されない。食後に発酵食品のチーズを食べるのは、日本人がぬか漬けを口直しに食べるのと同じようなものと考えられる。

チーズの種類は数え方によるが300以上(1000という人もいる)あると言われる。1000種類もあると言う場合は、一般の商業ルートには載らない地産地消のものを加えると

グリエールチーズ

原産国はスイス。表皮は黄褐色で固いが中はしなやか。酸味もあるがわずか。熟成（最低５か月間）すると風味が豊かになる。

その数になる。どこの商店街にもチーズ専門店があり、スーパーにもチーズコーナーは必ずある。

チーズの好みも人それぞれ

ヤギのチーズの値段が牛より高いのは、ミルクの量が少ないことを考えれば当然である。ヤギのチーズも牛のチーズと同じように、柔らかいものから時間をかけて発酵させたものまである。独特の臭みがあるが、きめが細かく好きな人にはたまらない。

いずれにしても生に近いチーズほど値段は安く、時間をかけて熟成したハードと呼ばれるチーズほど高くなる。水牛の乳に凝固剤だけを入れて水に浮かせたモッツァレラチーズのようなものもあり、おいしい。

個人的には、スイスの**グリエールチーズ**がいちばん好きだ。

山間にあるグリエールという村の原産で、行ったことがあるが、まさにアルプスの少女ハイジの世界だった。

直径50センチ、厚さ10センチ位のチーズの塊が、山小屋の棚にずらりと並んでいる。重くて私には持てないだろう。塩を含ませた布で表面を時々拭いて〝洗う〟ことからウォッシュタイプという。時間とともに小屋に棲み付いた菌が付き、独特な味と香りが生まれる。

フランスにも形と色が似ているコンテという硬いチーズがあるが、味はグリエールとかなり異なる。熟成させるために寝かせておく場所、菌の違いが全くの別物にするのだろう。牛乳の違いもあるかもしれない。

フランスのチーズ専門店でコンテを購入する際は、若いものと熟成したもののどちらがよいかと聞かれる。コンテは若いほうがおいしく、グリエールは熟成したもののほうがおいしいと思う。

チーズには中にカビの入っているものがある。どうやって作るのか不思議だったが、注射器でカビを入れるそうだ。カビは白、青が有名だ。

ただ、青カビといっても実際は緑色で、青信号が緑色であるのと似ている。このタイプのチーズは強い味で、パスタなどと和えるととてもおいしい。

私が好きなのは、カマンベールに代表される白カビチーズだ。熟成が進まないうちは中心部分がサクサク、コリコリして、熟成の進んだ外側の柔らかい部分と口の中で複雑にからみあう。このサクサクした硬い部分はカマンベールでないと言う人もいる。

春から秋に売られる、モンドール山一帯で産するモンドールが日本でも売られるようになったが、産地の4倍以上の値がするので、なかなか手が出ない。

❖チーズとワインの相性

地方ごとに自慢のチーズがあるようにワインもある。どちらが先に生まれたかわからないが、同じ地方のチーズとワインを選べばマッチングとしてそれに越したことはない。ボトルを光にかざしても向こうが透けて見えないほど味が濃い。成熟した赤ワインは、タンニンが強く味わいも濃いので強い味のチーズと合う。

カマンベールのようなソフトな味なら、色の薄い赤ワインかロゼが合うかもしれない。ロゼは比較的値段が手頃で、クセがなく飲みやすい。

❖近所のマルシェ

最近では日本でも**マルシェ**という言葉が聞かれるようになっ

マルシェ

　市場のこと。青空市のほか屋内型、常設型のマルシェもある。各地をまわっているのはテント形式である。Marché

たが、フランスではパリをはじめ各地でマルシェが開かれている。日本語に訳せば市場となるだろう。食料品が中心だが衣類や雑貨、花などを扱う店もある。

　私たちの暮らしたアパルトマンの近くのマルシェは週に3回開かれていて、足を運んだのは主に出店数が多い日曜だった。会場の公園は大きな木に囲まれ、マルシェのない日には子どもがボール遊びをしたり、人々が思い思いに憩いの時を過ごしたりしていた。

　マルシェには新鮮で多種多様な野菜や果物、スーパーには置いていない乳製品などが産地から運ばれてくる。スーパーより品質が良く新鮮なので値段は高めだが、近隣に住むグルメたちが買い物カゴを下げて集まってきていた。男性客も多い。もちろんチーズ専門の店もあり、一般の店では手に入らない地方のチーズも売っていた。

　このようなマルシェが周辺にある商店と共存しているのは、

© 橋浦道子

マルシェのほうが商店ができるずっと昔から存在していたからである。日本の地方の町にも朝市があり、地元の農家が収穫したものを売るが、パリのマルシェのほうが品物が選りすぐりのように見え、買い物をするのが楽しかった。

店を出す人達は朝8時ごろからぽつぽつと荷を解き始め、10時頃には買い物客が並ぶようになる。午後1時ごろには店じまい。その後、大きな清掃車が来てゴミを総ざらいし、水を流すと跡形もなくなる。

私がよく通った青果店は、ラオス系と中国系の人が営んでいた。フランスでは愛想のよくない店員もいるが、このラオス系の店員は物腰が柔らかい男性で、話をしなければ日本人にも見える。親が移民1世なのだろう、ラオスは旧フランス植民地だからフランス語が話せる。

そこで買っていた「フジ」というリンゴは、本物のふじなのかと疑問に思うような素朴で爽やか味だった。日本で売っているふじは蜜入りで本来の味が残っていない。

マルシェ以外でもパリ市内には、無農薬やオーガニックの野菜や肉類を売りものにしている店が多い。普通の品の2、3倍も高いので、やはり客は限られるが、パリにはお金持ちが多いので十分成り立つのだろう。

フランスにはイタリア、スペインなど太陽が降り注ぐ近隣の国々から野菜や果物が入ってくる。フランスより物価が安く、かつ陸上輸送なので輸送経費もかからないため値段がおさえられる。アフリカから来る農産物も多い。ケニア産と書かれた花を見て驚いたことがある。

家飲みワイン

さて、ワインを抜きにして、フランスを語ることはできない。

ワインは安くて1ボトル2ユーロくらいからあり、5ユーロ

かつて使われていたブドウ樽

も出せばまあ何とか味わえるくらいになる。ボトルではなくプラスチックの容器を持参して買える店もある。

　フランス人であれば5ユーロ、8ユーロでもおいしいワインを見つけられるが、外国人には難しい。私は50ユーロ前後ののものをスーパーで買っていた。

　とはいえ、大きなスーパーとなると、どれを買っていいかわからないほどたくさん並んでいる。まずは色を見る。赤でも白でも薄い色ほどさっぱりしている。

　私はちょっと口をさっぱりさせたい時に、冷やした白ワインを飲むのが好きだった。とくに好きなのは辛口のシャブリで、魚ならどんなものでも相性がよい。

　赤は色調が濃くなるほど味わいがする。ビーフステーキや肉のシチューなどには濃い赤のワインを買うとよい。ボルドーはややこってりして重みがあり、ブルゴーニュは軽めでさっぱりとして日本人には飲みやすいだろう。小さなスーパーでもボルドーとブルゴーニュは置いている。

シャンパンを手に入れるとなると大きなスーパーに行かないとあまり売っていない。もちろん商店街に行けば、ワイン専門店が必ずと言っていいほどある。

❖レディメイドの食事

レストランに出向いておいしい料理をというほどではなく、自宅で調理も面倒だという時に便利なのが、テイクアウトの店である。

アジア系のレディメイド（出来合い）の料理をテイクアウトする店があちこちにあり、量り売りされている。昔は見られなかった光景だ。

焼き飯、豚と野菜の炒め、鶏肉の唐揚げ、各種ヌードルなどがずらりとバットに入れられ並んでいて、好きなものを選べる。

ほとんどの場合、似たようなメニューで食品工場で作られたものが配達されているのだろう。アジア系の住民が増えてきたからだろう。

一時代前にはフランス料理のレディメイドの料理が売られていたが、今日パリでは見かけない。当時、買って食べた料理はレストランと同じくらいの質の良さで値段も高かったが、それなりにおいしかった。

そのような高い食品を買う人はいなくなってしまったのか、洋服と同じで簡単で安いものが社会に入り込み、独自のものが失われていきつつあるようだ。

❖パリのカフェ

パリでは定時の夕方5時になる前に職場を出ても問題ないらしい。残業もなくはないが、一般的な労働者は時間前になると帰り支度をはじめる。上司がまだ働いているから帰れないとい

パリのカフェ風景

う日本の社会とは異なる。

メトロは夕方6時にもなれば、通勤客がすでに帰った後なので空いている。そんなに早く帰るのかと驚くほどだ。東京の電車は夜11時頃になるとひどく込み合っていて、こんなに遅くに帰るのかと驚く。

パリでは仕事が終われば自分の時間。趣味を楽しんだり、カフェで友人と雑談や議論をしたりして過ごす。

小さい子がいる家庭は別として、夕食の時間は遅く、8時か9時である。夕食は伝統的にハムを並べたり野菜を切ったりするだけの冷たい料理を取り、伝統的には温かい料理を食べるのは昼食である。

そうした習慣があるため夕食の準備に時間がかからず、職場を出て家に帰るまでの時間を街のカフェで過ごすことができる。ビール1本で2時間ぐらい座っているのが普通だ。

コントレスカンプ広場

パリで400以上ある広場のひとつ。ヘミングウェイの住んでいたアパルトマンが近くにある。パリ大学の学生たちが終日集う。ムフタール通りに続いている。

私が暮らしたアパルトマンのそばの**コントレスカルプ広場**あたりでは、昼過ぎごろから通りにテーブルと椅子が並べられていた。

授業が終わった学生が集まり、ビールを飲みながら皆でワイワイと話を楽しんでいた。1回の利用でせいぜい2ユーロだから学生にもできる。

カフェ文化とフランス人

カフェもフランスにはなくてはならない存在である。

例えばソルボンヌ教会の前の広場にあるカフェでは、のんびりとお茶を飲んでいる人たちが1日中いる。暗くなると光が灯され噴水が輝く。ソルボンヌの歴史とこの光の幻想の世界に浸りたいのだろう、夜まで人の途切れることがない。老人たちも残りの人生を楽しく過ごしているように見える。

シャイヨウ宮

デザインは古めかしいが、1937 年のパリ万博のときエッフェル塔と共に建てられた。

ほかにも有名な古いカフェがパリには何軒もある。セーヌ川越しにエッフェル塔が見えるアルマ橋のそばにあるカフェは、やはり1日中賑わっている。周囲の景色と相まってエッフェル塔が美しい。

塔の前には広大な広場があり、緑の木々がいたるところにある。左手にはナポレオンの墓のあるアンヴァリッドの黄金の丸い屋根が光り輝く。そこのカフェから右手にはセーヌ川を挟んで**シャイヨウ宮**が見える。

一帯の道路は車でいっぱいだが、たくさんの木々が空気を浄化してくれるような感じだ。実際には、パリの街はホコリで満ちていて空気が汚い。

アパルトマンの窓を閉めていても、テーブルを手でぬぐうと指先が灰色になった。住民は慣れるしかなく、ものともせずに排気ガスの中でタバコをふかしたりしている。

パリは6月から秋まではすばらしい。カフェで過ごすのに最高の時期だ。昨今は気候変動でパリも暑くなったというが、日本とは比べようもないほど過ごしやすい。空気が乾燥しているので汗をかくことがなく、7、8月は陽は照るが風が涼しく、木々の影が道に落ちる。なんともきれいだ。

夏の夜は10時ごろまで明るく、カフェでぼうっとしているのがいい。

カフェでは真っ赤、または赤白の縞模様の日よけの下に、たくさんの小さい丸いテーブルと木の椅子が置かれる。由緒ある店では銀色の店のマークとか店名がテントにも書かれ、お客とともにそれが絵になる。

カフェだけでなくアパルトマンのベランダは、1mも幅がないが、3、4階のベランダに椅子とテーブルを出してお茶の時間を過ごしている人も見かける。今にも落ちそうだが、彼らに見えるのは向い側の建物と歩行者だけだ。

パリのカフェ文化は一朝一夕にできたものではなく、遠い昔

パリの街には噴水が多い

から文化・政治論議をしたり、詩や本を書いたりした人たちがいた。ただお茶を飲む場ではない。文化人が集い、ため息をもらし、喜びの声また絶望のうめき声をあげ、それが壁深くに染みこんでいる。

ほかにも歴史あるカフェの木製のテーブルと椅子、多くの人の汗と涙の染みこんだカウンター、薄暗い照明、たくさんの人が口をつけたであろうコーヒーカップと、数えあげたらきりがない。

そこにフランス人が座ると自らがフランス人であることを改めて感じ、良き伝統のある世界一幸せな美しい国だと誇らしく思っているに違いない。

プロヴァンスの先生宅での食事

私はパリに滞在中、音大を定年退職した先生にピアノを習ったことがある。夏の8日間、この先生夫妻の本宅があるプロヴァンスで集中レッスンを受けた。３食付きであったのだが、これが忘れられない経験となった。

同行した友人と私は到着してすぐ、「忙しいでしょうから、お料理など手伝いましょうか」と申し出た。一緒に料理をしたり、お喋りしたりすることも楽しいだろうと思っていたのだ。ところが、先生の奥さんに「結構です」とぴしゃりと断られた。あまりに冷たい言い方にフランス生活が半世紀以上になる友人もびっくりした。メニューは全部決まっていて、すでに用意してあるとのことだった。奥さんには客人を歓迎する気持ちはとくになく、別棟を貸し、レッスンをして食事を出し、料金を得るだけのものと割り切っているようだった。

用意されている食事というのは、ほとんどがレトルトの類だった。スーパーで売られているパックのスープを開け、皿に注ぎ込むだけというもの。一度だけ鴨肉を焼いた料理が出て、ほっとした。ただし、これも真空パックを解凍し、オーブンに入れただけである。

ある日、先生は「僕が作った料理を食べてほしい」と、ナスのムースを出してくれた。柔らかくこれはおいしいと思ったが、それが夕食、昼食、夕食と続けて3回も出て、しまいには残さないような努力が必要だった。

衝撃を受けたのが、庭で放し飼いにしている鶏の卵である。ゆで卵2個が殻付きのまま、メインディッシュとして出されたのである。毎日奥さんが卵を集めてきては台所に積み上げているのは見ていた。人数分が集まるまで待っていたのだから、常温のまま日にちが経ったものもある。

先生が「早く卵を出したらどうか」と言った時には、「あなたは鶏の世話もしないのに、なんで口出しをするのか！」と奥さんが怒り、先生は静かな人なので黙ってしまった。せっかく新鮮だった卵はスーパーと変わらない味になってしまってい

た。

ほかにはスパゲティを茹で、出来合いのソースをかけたもの。ソースはパックから直接流し込まれた。野菜などはまったくない。農業が盛んな地方だから、豊富にあるはずなのだが。イチゴの産地であるし、旬であったので期待していたが、お目にかかれなかった。果物で食べたのは杏くらいだった。

ワインの1杯くらい付くかとこれも期待していたら、出されたのは水だけだった。

朝食はもちろん、コンチネンタルスタイル。すなわちパンとコーヒーないし紅茶とバターとジャムだけである。

人里離れているからパンが冷凍であるのは仕方ないのだろうが、出されたのはいつも同じ、ごく普通のバゲットであった。さすがに連日ではつらくなり、オレンジジュースとサラダ菜、果物などを買っておき、部屋で飲み食いしてから母屋のテラスの朝食に出て行くことにした。

次第に食事の時間がくるのが憂鬱になった。連れの友人は日頃は穏やかな人であるのに、時々かっとするようになった。先生はいつもあんな食事を食べているのだろうかと思った。

お腹の大きい娘さんが来ていたが、栄養補給のためなのか食事の前に白い塊を食べていた。友人に聞くと、冷凍の鱈の切り身だという。解凍もせず田楽でも食べるように口に入れていた。

美食とワインの国フランスはどこに行ってしまったのだろう。

フランス人があまり料理をしないことは知っていた。けっこうおいしい肉の加工品が売られているし、スーパーのレトルトのパックでもしのげる。それにしても……。友人はよほどこたえたのだろう、パリに戻った後、ピアノのレッスンをやめてしまった。

3章

パリファッションの極意

❖街中で目立つ観光客

パリと言えばお洒落な服装をした人がたくさん街を闊歩しているところを想像するだろう。夢を打ち砕くようで残念だが、そう皆が皆お洒落なわけではない。

それでも街を歩くと、びっくりするほど素敵なマダムを見かけることがある。高級ブランド店で売られているような洋服ではなく、ありふれたものを着ているのに格好いいのだ。しばしば見とれる。黒い幅広の帽子をちょっとずらして被り、ヒールの高いブーツの靴音を響かせて颯爽と歩いていく。

人類の起源はアフリカにある。アフリカ人は手足が長い。ヨーロッパ人も手足が長い。北に行く程それが顕著になる。太陽光が少ないため、その温もりを得ようとして手足が長くなったとも言われる。プロポーションの良い人のお洒落な着こなし、優雅な身のこなしには、やはり目を奪われる。

シャンゼリゼ通り
凱旋門とコンコルド広場を結ぶ大通り。「世界で最も美しい大通り」ともいわれる。

マレ地区
「パリ旧市街」ともいわれる3．4区。

男性については、ぱりっとした背広で決めている人は街中ではそうは見かけない。通勤時間に電車に乗っている人でも、背広姿は少ない。私は背広姿を見慣れているので、帰国して銀座線に乗り、半数くらいが背広を着た若い男性であったりするとなんだかほっとした。

考えてみれば、お金持ちは自家用車を使い、さらにお金持ちなら運転手付きの車で移動しているのだから、やり手のビジネスマンの姿を見ないのも当然なのかもしれない。そのせいか狭いパリには車があふれている。格差社会なのだ。

大変悲しいことだが、２０１５年11月13日に起きたパリ同時多発テロ事件が深刻な影響を及ぼし、**シャンゼリゼ通り**と**マレ地区**を除くと、パリの街は閑散とするようになってしまっていた。

シャンゼリゼ通りはおのぼりさんや海外からの観光客でいっぱいで、パリジャン（パリっ子の男性）、パリジェンヌ（パリっ子の女性）のほうが少ないくらいである。

ゲルマン民族は背が高く識別できないこともないが、イタリア人、スペイン人などのラテン系の人々は同じくラテン民族のフランス人と区別がつきにくい。

日立つのはアメリカ人だ。ほとんどの人がジーンズを履いて、普段着姿でいるが、超高級ホテルに入って行く。意外だが団体行動を多く見かけた。もちろん日本の銀座と同じように、中国や韓国、アラブの人たちも歩いている。

そんなわけで、これがフランス人のファッションだというような答えは見つからなかった。当たり前と言えば当たり前なのだろう。世界の人たちが思い描くパリ・モードは、フランス人がビジネスでいろいろな企画をし、売り出し、生み出したものだ。それがフランスのファッションを世界で名だたるものにしているが、それはファッション業界の話であって、パリの街を歩く一般人にまであまねく行き渡っているものではないのであ

る。

有名店の悲喜劇

短躯な私には似合わないが気楽に考えて入ってみようかと思い、シャネルの店に入ろうとした時のこと。重いドアを押したらドアマンがすかさず開けて「どちらにご案内しましょうか」と聞いてくる。「いや、ただぶらぶらと散歩がてらに」などと答えられる雰囲気ではない。それで結局、入るのをやめてしまった。

バッグが人気のルイ・ヴィトンのような高級店では、思った通りの混雑ぶりでほっとする。中国からの旅行者らしき人が大部分で、若くてすらっとして成功者然とした男性が、20代くらいのやはりすらっとした美人を連れていることが多い。清々しい美しさを持つ彼女らは、素敵な服を身に付けている。

店内にヨーロッパ系の人は少ない。こうした高級店では、予約をするか、店員と知り合いになっておかないと、商品を見せてもらうためだけでも並ばなければならない。

一般に欧米の国では、店内にあまり品物を置いておかない。その理由として「何か安っぽく見えるじゃない」と言った店主がいた。日本でたくさんの品々がずらりと並んでいるのとは対照的だ。

ある時など人気ブランド店で20人くらいの人が並んでいた。しかも、その列は遅々として進まない。そんな状態で3時間も待ったとしても、自分の番がきて「品切れです」と言われればまた後日出直すしかない。「いつ頃入荷するのか」と聞いても、「じつはそれがまったくわからないので」と店員は答える。

そんな対応を受けて東洋人への嫌がらせかと怒る人もいるが、そうとは限らない。みんなが買い漁るものだから、作るほうが追いつかない。良いものを作るためには時間が必要なのだろう。

どうしてもその品物が欲しければ、日参するしかない。日参して並ぶのだ。朝一で並んでも、品物が入るのが昼からのこともある。店側が売りたくても入荷が間に合わない。

そうして列に並ぶ人たちは、店にそぐわぬ雰囲気の人も多い。それを見ると、並ぶために雇われた人たちかもしれないと思った。皆時間を気にする様子もなく、ぼうっと立っている。アルバイトであれば閉店までいて入手できなければ、また翌日も稼げるわけだ。

シャンゼリゼ通りにある、ある有名店の話である。この店の店員は300人もいると聞いた。3階建てだが、さほど広い店ではない。日本語を話す店員も、中国語を話す店員もいた。昨今では日本人観光客はかなり少なくなったが、真面目に働くせいか、日本人の店員を見ることは多い。

客の注文を聞くと、店員は商品を取りにどこかへ姿を消す。

持ってきたものが客の気に入らないと、別の商品を取りに再び姿を消す。だから時間がかかる。店員が万歩計を付けたら、相当な歩数になるだろうと思った。

大柄なアラブ系の老人が、若い女性にあれやこれやと買っているところを見たこともある。日本人がバブルに沸いてブランドものを買い漁っていた時代は過ぎ去り、中国や中東の人々がそれに取って代わったということだろう。

パリの日曜日

日曜日はパリの街はゴーストタウンとなる。人出が見られるのは、ルーブルやオルセーなどの美術館くらいに限られる。だから日本のように、「休日だから都心の賑やかなところへ行って気分転換しよう」ということにはならない。なぜならば、日本と同じような**ビジネス・アワー**ではないからだ。

ビジネス・アワー

・デパート	月〜土曜	9:00〜20:00
	日曜	11:00〜19:00 一部祝日は休業
・ショップ	月〜土曜	10:00〜19:00
	昼休みをとる店がある　日・祝日は休みが多い	
・カフェ	8:00〜24:00 頃まで	
・レストラン	昼 12:00〜14:00　夜 19:30〜23:00 頃まで	
	日・祝日は休み	

日曜や祝祭日に店を開くには許可を得てさらに市の財務官にお金を払う必要がある。それでも採算が合う高級店は主な客層が観光客であり、政府も経済効果を考えて奨励している。食料品に関しては、地区ごとに小さなスーパーが開けられて最低限のものは買うことができる。

フランスは歴史的にカソリックの国だから、多くの人は教会に行っているのだろう。古い荘厳な教会はいたるところにある。旧市街にある教会はいずれも何百年の歴史があり、ステンドグラスを見ればその古さがわかる。

外からではステンドグラスが煤で覆われて模様が見えにくいが、中に入るとまるで印象が変わる。

煤けた古いものほど重厚で味わいがあり、歴史の深さを感じさせる。フランスで幾度となく繰り返された戦争の歴史に耐えてきたのだ。

ガルニエ宮

Palais Garnier　オペラ座。正式名称はパリ国立歌劇場。

バスティーユオペラ座

バスティーユ広場にある国立オペラ劇場。L'Opéra de la Bastille

❖ガルニエ宮の夢と現実

日本の着物一式はフランスでは場合によって1カラットのダイヤモンドに匹敵する値段となると聞いたことがある。私は**ガルニエ宮**や**バスティーユオペラ座**に行く時はほとんど着物を着て行った。思う存分、音楽会を楽しみたいと考えて、何着か用意して行った。フランス人のなかには着物の良さ、帯との粋な組み合わせなどを解する人もいる。

まわりを見渡すと、想像していたように着飾った人は少なく、なんとも味気ない気がした。時に真っ赤なドレスの女性など見ると、うれしくなった。

ガルニエ宮には日本にいる時から特別な思いを寄せていた。あの豪華な空間には特別な人たちだけが入れるのだと、そんなふうに想像していたのである。まわりはどうあれ着物で装えば、自信が持てるだろう。そうでなければ、胸元にコサージュを加

え華やいだ場にふさわしい装いをしようと思った。

ガルニエ宮はパリの中心にそびえ立つ地上50mの高さのある建物で、これぞパリと思わせる趣がある。丸いドーム状の屋根は銅がさびた緑色をなし、てっぺんには金色のアポロン像が高らかに人間の勝利を告げている。高すぎてよくは見えないのだが、そのきらびやかな輝きは世界に類を見ないと思う。

ガルニエ宮の中は広く、舞台は全体面積の4分の1くらいだろうか。舞台を演出するさまざまな人たちが働いており、広い大きな楽屋がある。オペラやバレエに必要な装置のある舞台裏は、舞台の3倍にはなるだろう。

劇場の床は細かい模様の大理石で覆われ、椅子は赤いビロードが張られて華やかな雰囲気を醸し出している。幕間には人々が集まる豪華なロビーもあり、またガルニエの運営の支援をしている人たちだけが集まるロビーもある。私は友人の計らいでそこでシャンパンを飲んだことがある。10ユーロくらいだったと思う。よそいきを着て観劇をする楽しさを味わった。もちろん周囲には気取られぬよう、着物を見せたいわけではなく、舞台を見に来たのだからリラックスしたいのだという風を装って。

舞台に向かって左右と正面にはバルコニー席があり、5、6人が座れる小部屋になっていて鍵がかかる。そこに入るためには、その都度、係の若い女性に開けてもらう必要があった。

中には舞台に向かう椅子以外に赤いビロードの長椅子がある。そこからは舞台は見えないし、周囲から見ることもできない。荷物置きとしては豪華すぎる。作られた往時は禁断の関係、とくに踊り子を呼んで愛の交歓が行われたと言う。長椅子は使い古され、どれだけの男女が楽しんだか苦しんだかわからない。

踊り子を描いたドガの名画があるが、踊り子たちを見ている杖をついた年配の男はパトロンだったことを思い出した。

着物と真珠

観劇に行き、隣の席の人と言葉を交わしたことが何回かあった。私の着物を見て「すばらしいですね」と言ってくれた。なぜかそういうのは男の人であった。

世界には民族衣裳が数え切れないほどあるが、日本人の私としてはやはり着物のように美しいものはないと思う。もっと私の見栄えがよければ日本の代表として着物を着て、パリの街を闊歩したかったのだが。

着物や帯の柄には具象画、抽象画、その組み合わせがあり、絵筆で描いたもの、織り込まれたものもあり、美しさは尽きることがない。フランス人の友人に持参した着物を見せてあげたことがあった。彼女は初めて目の前で見たと言い、とても喜んでくれた。夫とともに日本文化、とくに日本文学を学んだらしく、川端康成の小説などを読んでいた。日本はすべてにおいて

デリケートだと言う。
着物だけでなくアクセサリーについても日本の真珠はすばらしいと思う。パリではアクセサリーは建物の中に入って安全を確かめてから、バッグから取り出して付けるようにと言われている。高そうなネックレスなど街中でしていたら、奪おうとする人に引っ張られて危ないからだそうだ。それが面倒だからなのか、あまりジュエリーを身に付けている人を見なかった。
パリでは真珠は高価なのであろう。私は危なくない場所に真珠のネックレスをして行ったが、それとなくチェックするような女性たちの視線を感じた。たまにフランス人が付けているのを見たが、皆おもちゃのようで真珠の玉が小さい。
私のネックレスは玉のサイズは大きいが、よくよく見れば小さな傷がどの玉にも付いている。無傷であれば100万円を下らないようだが、生産国の利点でその10分の1の値段で買った。傷があってもけっこうきれいな真珠をよくこれだけ揃えたものだと感心してしまう。

パリでも普通の人が着ている洋服は極めて素朴で質素である。着ているものにあまりお金をかけないのだろう。食べるものに多少お金をかけても、服にお金をかけることは難しいようだ。蛇足になるが、最近ではバカンスにもお金を使いたくないという考えの人が増えてきた。

宝石のように珍重されたレース

昔のヨーロッパの衣装は、どれだけ高価な装飾が用いられたかによって価値が決まった。レンブラントが生きた17世紀のバロック絵画を見てみよう。そこに描かれた男女の襟元は、白いレースで大きく飾られている。

これはベルギーから輸入されたものと考えられる。ベルギーのレースは宝石のように見なされ、高値がついてベルギーに貴重な外貨をもたらした。ひだが細くついた白い襟を襟巻のように首に巻く、または細かく編まれた幅広いレースを付ける。袖口にもレースがあしらわれている。

たいていは濃い色の服地であるから真っ白なレースは目立つ。それを身に付けることは権力、そして金持ちの証であった。レンタルもあったかもしれない。

ルーブル美術館の一角に肖像画ばかり集めた大きな部屋がある。たいていの観光客はそこまで見てまわる余裕はないが、ロングステイなら隈なく楽しむことができる。

この部屋には同じようなレースを付けた有名なフランスの画家たちの肖像画が10点ほどある。そのレースの美しさは、ルーブル美術館がある限り、後世に残る。

フランスはベルギーとは隣り合わせなので、取引はたやすく行われた。時代が変わり現代になっても、20年くらい前までは細かなレースを使ったブラウスなどが**ブルージュ**の街では売ら

ブルージュ

「水の都」として知られるベルギーの美しい都市。
ブルージュとは橋の意味。
流れる水の上に 50 以上の橋がかかっている。

れていて、私もそれを買うためにブルージュを訪れたことがある。どれを買おうかと迷いに迷うほど、美しい繊細な品々があったことを思い出す。

20年が経ち、ブラウスは黄ばんでしまったが、私はどうしてもそれが捨てられない。いらないものはすぐ捨てるたちなのだが。カーディガンの下などに着れば、なんと豪華に見えることだろう。

破れたところを繕ったり、サイズが合わなくなったところに買ってきた日本のレースを縫い付けたりしている。

だが、今ではブルージュに行っても、そのようなブラウスを見つけることはほとんどできない。店の人に聞くと、レースを編む人がもういないのだと言う。私が買ったブラウスが最後の代だったのだ。

パリで服地を買う

ファッションの街パリなのだから、きっといろいろな服地が売られているのだろうと出発前には大いに期待していた。私は裁縫が趣味なのだが、実際に作れるのはパンタロンだけ。それでもさまざまな模様の服地を見て回ろうと楽しみにしていた。

パリの北側18区にあるサクレクール寺院から見下ろした南側一帯に、服地や服の付属品、カーテンなどの室内装飾品を売る店が軒を連ねている地区がある。そのあたりは外国人が多く、治安が良くないため、行く時は旅行者とばれないようガイドブックやマップなどを広げないようにしていた。

とはいえ、いったん服地街に入れば安心である。道一本を隔てただけで、町の様相はがらりと変わる。ニューヨークでも同じであったが、一つ番地が違うだけで住民が違うのである。日本にはそこまで大きな差があるところはないのではなかろうか。

この服地街は昔はもっと栄えていたのだと思う。最近はシャッターを下ろした店も目立つ。既製服が当たり前のように浸透するにつれて、パリでも服を自分で作ったり、注文したりする人が少なくなった。

その服地街はお世辞にも清潔とは言えず、発展から取り残された国の裏町のようで、パリの表の顔とは大きく違っている。わくわくして出かけたが、売られているものは期待はずれの二級品で落胆した。そうしたなかでも何とか品質の良いものを見つけようとしたが、これがなかなか難しかった。

それでも、うれしい収穫はあった。いちばんは甘いお菓子のようなボタン。ついつい買いたくなってしまう素敵なデザインのものが山のようにあった。

さらに、フランスはカーテンの国なので、高価な絹織物、分厚く寒さを避けられるようなものなど、色調も模様も豊富にあった。カーテンに付ける飾りやタッセルなども豪華なものが多い。

ただし、本当に質の高いカーテンを探すなら、サンジェルマン通りの裏手にある3、4軒の店に行くのが正解だ。ここは本当に値段が高いので、短期間だけ使うのであればもったいないが。私はそこでもっとも手頃な値段のカーテンを注文し、アパルトマンに取り付けてとても気に入っていた。

日本の家にカーテンを付けるのは好きではないので、持ち帰っても無駄になると思い、涙を飲んで置いてきた。アパルトマンの退去時に家主は何も残すなと言ったが、吊るしたままのカーテンを見ても文句は出なかった。当然だろう、それだけ素敵だったのだ。

ついでに言うと、カーテンの布を買った時、「1枚40ユーロで仕立てる。安いから作っていけよ」と店主に言われた。店の近くに工業用のミシンが並べられた作業所があり、南アジア出

フォアグラで有名なペリゴール地方にて筆者

身らしき男性たちが働いていた。
閑散とした服地街の中でも、あるお店に入るとたくさんの女性が山のように積まれたセールの服地を選んでいるのに出くわした。つい私も負けじと加わる。たしかに安くて人につられるように買い、パンタロンを2点作った。1年ほどしてひとつは毛羽立ちがひどくなり、嫌になって捨ててしまった。もうひとつはまだ生き延びているが、おそらく時間の問題だろう。

領収証と引き換えの商品

言うまでもなく、パリには世界的なブランドの店がたくさんある。ただし、フランス製を期待してもなかなか見つからない。ある時、有名デパートで探してみたが、やはり見つからなかった。

パリの街を歩けば、スウェーデンのアパレルメーカーH&M、日本のユニクロなども見かける。パリっ子たちはユニクロの品質は良いと見ている。たしかに縫製は同等の値段の他のブランドと比べて良いと思う。

ほかの店が閑散としている時でもユニクロには客が多く入っていた。見ていて気付いたことがある。店員の対応がとても良いのだ。日本人スタッフに混ざり、フランス人の店員もいて、同様に親切で礼儀正しく仕事をこなしていた。日本のお店にいる感じがして少し幸せな気分になり、何か買った記憶がある。

また、フランスでは支払いと同時に買った品物を受け取れない店が多い。売り子がお金をくすねるのを警戒してのことのようだが、効率が悪く面倒なことこのうえない。

レジでお金を払ってから、レシートを持って買った品物と交換するのである。高額のものに限らず、ケーキ1個でもそうだから時間がかかる。ユニクロはそういうことがなく、セーターならセーターを自分でレジに持って行き、支払えばよい。

フォションという高級な食料品店でも、紅茶ひとつ買うのに1階まで下りてお金を払い、また2階に上がってレシートと引き換えねばならなかった。

店では万引きも警戒している。高級店ではドアマンが客の一挙手一投足をさりげなく見張っていた。高級店ではない店も常に警戒を怠らない。小さなスーパーなどでも、大きなバッグを持って店に入ろうとすると店内には持ち込ませず、レジ近くに預けるように言われる。こっそり商品を入れられないようにするための策だ。日本にはないことなのではじめは不快であったが、だんだん慣れてしまった。

一度だけ大変不愉快な思いをしたことがあった。行きつけのスーパーで、顔なじみの店員であったが、私に「バッグの中身を全部出せ」と言い、レシートと照合し始めたのだ。何か嫌なことでもあったのか、威張り散らしたくなったのか、やられるほうはたまったものではない。個人的な感情が持ちこまれ困ったものである。

素敵な服地店の裏話

パリに暮らし始めて1年ほど経った頃、一流の服地屋さんを偶然見つけた。表を通りかかり、上等な布地が壁面に沿ってびっしりとうず高く積まれているのが見えたのだ。パリの一等地である8区のマドレーヌ寺院の近くである。

店に入ると、私が日本人とすぐわかって店員は安心したような様子だった。日本人は強引に値切ろうとしないからだろうか。

もちろん日本人だと自己紹介したわけではないが、なんとなく雰囲気でわかるらしい。店員は2人だけで、お客さんもパラパラという程度だった。

話しかけてきた女性店員は、日本の有名人の専属デザイナー

コモ湖

　イタリア北部のロンバルディア州にある湖。湖畔は避暑地として有名。古くはローマ帝国の皇帝やユリウス・カエサルが保養のため訪れたと伝わる。

がよく買いに来るという。性別がよくわからない俳優だと言うので、およその察しがついた。そんな話をいきなり親しげにしてきて、英語は一切解さず、外見から判断は難しいが、東欧あたりから来た人ではないかと思った。

　それにしても陳列してある服地は、すべて上品で高価なものばかりだ。ここにきてようやくパリらしいものに巡り会えたと思い、幸福感に浸った。美しい色彩で、良質な布はほとんどがイタリア製だった。

　そもそもイタリアはすばらしい布地を生み出すことで有名だが、北部**コモ湖**あたりに優れた布地を織る工房があるという情報を得たことがあった。土地勘もない門外漢が探しあてるのは難しいと聞いて、興味をそそられつつ諦めたことがある。日本の友禅に年季のいった職人が色付けするように、イタリアの美しい服地も先祖代々の職人が少し出たお腹を揺らして織っていたりするのだろうか。

家に帰れば体格のよい奥さんがパスタを用意して待っている。山に囲まれた田舎だからご馳走と言えば年に数度の羊肉のバーベキューだろう。本人の着ているものはブルーの作業着に違いない。そんな想像がふくらむ。

話を戻すと、パリのその服地の店には、舞台衣装に使うようなものも地下にたくさん揃えてあった。何度か通ううちに、くだんの店員さんが値引きをしてくれるようになった。

「金曜と土曜以外は店に出ているから」とそっと耳元に囁く。店員さんは2人だけで、彼女は自分の裁量で値段を決められるらしい。

もうひとりの店員が近づいてくると少しやり過ごしてから、かなりの額をまけてくれる。しばらくすると、私が店に顔を出すたびに喜んでハグをしてくるようになった。

そんなことで、私は美しい布地をごっそりと日本に持って帰ってきた。まだ手をつけていない布が家の押し入れの中にいくつも眠っている。もしも有名俳優さんにたっぷり稼がせてもらっているお返しにまけてくれたのだとしたら、じつにありがたいことだ。

そのお店にいる時に、誰かの専属運転手が雇い主の洋服を受け取りに来たところを何度も見た。雇い主がオーダーメイドをして、最終的な完成品はわざわざ自分では受け取りに来ないようだ。もしかしたら有名人か政治家の運転手なのかもしれない。

フランスでは200億円は持っていないと本当のお金持ちと言わない。そんなにお金があれば既製品のプレタポルテなど買わず、当然、オーダーメイド、すなわちオートクチュールの一点ものを身にまとうことになる。

4章

パリで学ぶ

プロヴァンス地方
　フランスの東南部を占める地方。イギリス人作家ピーター・メイルが移住し、「南仏プロヴァンスの 12 か月」を著し、日本でもこの作品が話題となった。

ピアノを習う

　長い人生の中で「やり残した」と思うテーマがあるなら、パリで学んだらよいと思う。私の場合、それがピアノであった。

　パリのアパルトマンには幸いスペースがあり、有名メーカーのグランドピアノを置くことができた。

　教えてくれる先生を探し、レッスンを受け始めた当初は、近所にある先生のアパルトマンに行ったこともある。小さなアパルトマンに小ぶりのアップライトピアノが置かれていた。

　2章で前述したこの音大の教授を定年退職した先生夫妻は、有名な別荘地**プロヴァンス地方**に居を移しており、小さなアパルトマンは時々パリに戻った時のためのものだった。

　パリの空気を吸ってインスピレーションを得て音楽に取り組むのだろうと、紹介してくれた階下に住む友人Tさんが言っていた。彼女もやはり生徒のひとりだった。

先生は私のアパルトマンのピアノを弾くのを楽しみにレッスンにやって来るようになった。私が席を外すと、好きな曲を弾きはじめる。バランスがすばらしい。やはりプロだ。それを聴くと、「私ももっと弾きたい！」と強く思った。

先生の関心を惹く

教えることは苦しみの場合もあるが、すでにリタイアしている私の先生の場合、もうそういう段階ではなかっただろう。そもそも教える相手が将来有望な若者というのでもない。若くてコンクールで賞を取れそうな優秀な生徒は、名のある先生について国立高等音楽院に入学する。私はと言えば、1時間60ユーロでレッスンを受ける音楽を趣味で楽しむ生徒に過ぎない。

音大の学生は私から言わせればプロ、彼らのなかでは鳴かず飛ばずの人でも私はとうてい及ばない。先生は1時間レッスンをすればお小遣いが得られるから、下手な生徒にもつき合う。生徒の横で退屈そうに脇見をしているところを見てしまったこともある。生徒は弾くことに必死で、先生があくびをしそうになっても気づかない。私はそうはさせじと懸命に頑張ったが、数多くの才能豊かな学生たちを育ててきた先生の関心を惹くのはなかなか難しかった。

私は小学校に入る前からピアノを習い、母親から厳しく練習を強いられた。優しい男の先生に教わった覚えがある。彼は戦後の荒廃した世の中で人々に夢を与えていたと思う。母のスパルタ教育はきつかったが、今となっては感謝している。

仕事やらなにやらで30年もピアノに触らない時期があった。もう一生縁がないだろうと大半の楽譜は人にあげてしまったが、ピアノという楽器自体が自分のそばにないということはなかった。

友人Tさんは子育てに力を注ぎ、息子には小さい頃からピア

パリ国立高等音楽院
フランスで最も歴史と権威のある音楽院。

フィルハーモニー・ド・パリ
パリの北部にある。多くの人々に音楽を楽しんでもらえるようにとコンサートの切符は安く買える。内装も控え目である。

ノを習わせ、自身は60歳を超えて習い始めた。やはり大人になってからは難しく、苦労していた。

フランス芸術を支える

先生の奥さんはバイオリニストだった。ふたりとも世界各国から優秀な学生が集まる**パリ国立高等音楽院**の卒業生である。世界的に活躍する音楽家を多く輩出しており、世界中から入学希望者が集まるので東京芸大に入るより難しいのではないかと思う。

この音楽院はパリの少し郊外にあり、舞踏科も併設されている。**フィルハーモニー・ド・パリ**のそばにあって、学生はいやがうえにも卒業したらそこで演奏したいという気持ちになる。

そのホールには幅広い人が聴けるように安い席から高い席まであり、大人数を収容できる。安い席はオーケストラや演奏者

TGV

フランスの高速鉄道。テージェーベー（Train à Grande Vitesse の略）。

を後ろから見る位置関係となる。同じように舞踏部門は有名なバレエダンサーを多く輩出し、世界各国から学生が集まる。

3人のピアノの生徒

夏になり、プロヴァンスの先生の家に友人と連れ立って8日間の集中レッスンを受けに行った。TGVでパリから3時間、エクス・アン・プロヴァンスで下車し、そこから車で1時間以上。セザンヌがサントヴィクトワール山を描いた場所の近くにその家はあった。

敷地は1000坪以上はあろうかという広さで、母屋と客用の別棟があり、別棟には小さいプールまで付いている。日光がさんさんと降り注ぎ、周辺の木々の緑も深かった。隣の家はほとんど見えない。

母屋の庭には芝生が広がり、それを囲んで花々が咲き乱れて

ピアノの先生ご夫妻

いた。コッコッコッと鳴く3羽の鶏が、付かず離れず庭を気ままに歩き回っている。フランスのお金持ちの幸福とはこういうものかと到着時には思ったが、あちこちに置かれた椅子は何か安っぽく、「何でもいいから座れる椅子を拾い集めてきたのだ」と先生は照れながら正直に言った。

私と友人が泊まった別棟には、ヤマハのグランドピアノが置いてあった。母屋には先生用のベーゼンドルファーのグランドピアノとアップライトピアノが2台と電子ピアノがある。レッスン代、宿泊代と3食付きで8日間で900ユーロであった。決して高い料金ではない。

生徒は私たちに加えてフランス人の男性がいた。40過ぎであろうか、バカンスで車の旅をしながらパリから来たという。レッスンを聴いたらどうもぎこちなく、私と同じくらいか、私のほうがうまいかもしれないなどと思って自分を慰めたりした。

私はベートーベンのスプリングソナタに取り組んでいて、先

ショパンのバラード第1番

フレデリック・ショパンが作曲したバラードで初期の代表作。パリ滞在中の1831年から1835年に作曲、1836年に出版された。

生の奥さんがバイオリンのパートを弾いてくれた。これがまたひどく緊張した。というのも、彼女は決して私に合わせてスピードを落とすようなことをしないからだ。こちらは素人なのだから弾けそうもないところはゆっくり弾いてくれるだろうと期待しても無駄……。それがフランス式なのだと理解することにした。

太陽が出ている昼間はプールに入り、さほど長い時間は練習しなかった。するとある時、何度も指摘された箇所でまた間違えて、「そんなにできないなら、プールに飛び込んでしまえ」と先生に怒られた。

その時の曲は、シューマンの謝肉祭の間奏曲とショパンのバラード。**ショパンのバラード第1番**はかれこれもう5、6年練習している。これを弾ける実力はないと知りつつ、弾いてみたいという欲求が勝り、挑戦した。ひとつひとつ難関を克服して、いつかはショパンの音の美しさに近づきたいと願っていた。

マルタ・アルゲリッチ

アルゼンチン出身のピアニスト。現在クラシック音楽界で最も高い評価を受けているピアニストのひとり。

ダニエル・バレンボイム

マルタ・アルゲリッチ同様アルゼンチン出身の世界最高峰のピアニスト・指揮者。

先生は普段はにこやかで優しく接してくれた。将来音楽家になるわけでもないので、細かいテクニック云々より楽しめるレベルまでいくよう教えてくれていたと思う。先生がピアノ曲を弾くと迫力があり、心打つものがあった。あの優しい先生に会うことはもうないだろう。あれからしばらく経つ。今はショパンのバラード4番となり、いくらか進化しただろうか。

❖日本より気楽な音楽会

パリ暮らしをするにあたり、期待をふくらませていたのがクラシックの音楽会だ。どこかで音楽会があるとわかると、できる限り出かけて行った。日本のように何万円もするようなことはあまりない。もちろん良い席で良い音を聴こうと思えば、多少値は張る。

私は2年間毎年**マルタ・アルゲリッチ**と**ダニエル・バレンボ**

マルタ・アルゲリッチとダニエル・バレンボイムのピアノコンサート

イムの共演を聴くことができた。

そのピアノの響きに涙を流すこともあった。振り返れば戦後のものもない時代から、幼い私はクラシック音楽を聴いていた。父が米軍の売店に出入りをしていたらしく、小学生の頃には買ってきてくれた4、5枚のSPレコードを擦り切れるほど聴いた。

チゴイネルワイゼン、G線上のアリア、未完成交響曲……。好きな曲は100回でも繰り返し聴くのは当時からである。子どもの頃いちばん聴いたのは、ワーグナーの「ニーベルングの指輪」前奏曲だったが、どこに惹かれたのか今ではよくわからない。

パリには大小のコンサートホールがあり、それぞれの公式サイトで演奏スケジュールを見て、オンラインでチケット購入ができる。音楽会シーズンの始まりは9月。パリには毎年同じ時期にやって来る有名演奏家もいて、人気のある音楽会は早めにチケットを買っておいたほうがいいだろう。日本でよりチケットを手に入れるチャンスは多い。そこがパリの魅力である。

オペラも多いが、最近はコスト削減か演出家の考えなのか出演者がジーンズとTシャツ姿だったり、舞台にベッドひとつ置かれているだけだったりすることも少なくない。もちろん音楽は楽団の演奏で、荘厳な舞台装置を期待して行くと落胆する。あらかじめどんな演出か調べたほうがいいだろう。

ガルニエのオペラ座でのバレエ公演は、まだ古典的なものが残っている。とくにバレエ好きでなくとも、一度行ってみるとほかでは得られない体験ができるはずだ。

❖ピアノコンクール

アマチュアのピアノコンクールにも出かけて行った。会場は体育館のような味気ない広いホール。予選から残ったのは10人

筆者のピアノ

ほどで、私はファイナルに残った5人の演奏を聴いた。本当にアマチュアなのかと驚くほどすばらしい演奏だった。ショパンのエチュードを全曲弾いた人がいた。

私くらいの耳ではプロとアマの違いを聴き分けるのは難しい。ピアノ協奏曲でも弾いたらわかるかもしれないが。彼らはオーケストラをバックにして弾いてみたいだろう。それはピアノを弾く人の夢なのだ。

隣に座った高齢男性は大学生の息子が出ているのだと誇らしげに私に話しかけてきて、立ったり座ったり、そわそわしていた。その息子の専攻は数学で、もうひとりの息子は物理専攻でバイオリンを弾くのだという夢のような話だった。

自分の果たせなかった夢を息子たちに託したのかもしれない。そんな若い息子がいるにしてはかなりのお年に見えたが、奥さんは鷹揚に静かに座っていた。

フランスには賞金稼ぎにコンクールに出る人もいると聞い

ロン=ティボー=クレスパン国際コンクール
パリで開かれるコンクール。ショパン国際ピアノコンクール、エリザベート王妃国際音楽コンクールとともに世界三大ピアノコンクールといわれる。

た。生活のために比較的自由な職業に就き、毎日何時間も練習するそうだ。音大に入っても一番になれず、国際コンクールに出場することもなくほかの職業に就く人がほとんどだ。

隣に座ったその男性は審査結果を受けて、前回1位だった人が今回は5位だと言っていた。数学専攻の息子も毎回出ているらしく、その時は上位入賞でとても喜んでいた。ちなみに優勝者は16歳の少年で、専門的な音楽教育は受けていないとのことだった。本当にすごい演奏だった。

❖有名コンクールを堪能

運のよいことに２０１５年の**ロン=ティボー=クレスパン国際コンクール**の切符が手に入り、聴きに行くことができた。

コンクール志願者は世界主要都市で開かれる選考会でセミファイナルが決められる。２０１５年は36人が選ばれ豪華なプログラムで紹介されていた。

ファイナルは5人で独奏曲3曲、協奏曲を弾いて優勝者が決定された。5人のなかに日本人が2人いた。ひとりはパリ国立音楽院で学んだ女性で、もうひとりは日本の東京芸大で学んだ男性であった。

5人が3曲を弾くのだから4時間ぐらいに及んだが、飽きるどころか時間が経つのを忘れるほど楽しめた。

現代音楽は主となるメロディーがないのでなかなか受け入れ難いが、日本人男性の演奏はすばらしいのひと言に尽きた。

独奏会のあと1週間後にオーケストラと共演し、優勝者が決まった。つまりファイナルのためにはピアノ協奏曲を準備しておかなければならない。

ファイナルまで行く自信がない人は、協奏曲の準備までしていないだろう。全部で10曲以上を用意しなければならないのである。彼らにしてみれば暗譜などたいしたことではないのだろうが、ファイナルの協奏曲は大変である。もしも1回戦で敗れればすべてがおじゃんになってしまう。

静かなファイナル

　オーケストラと共演するファイナルは、1週間前のセミファイナルより少し大きなホールで行われた。オーケストラはパリラジオ管弦楽団であった。フランスで一流といえるほどではないが、演奏者にとっては夢のような共演であろう。会場は満員であった。私も夢見心地で客席右手の席に座った。会場は静かな熱気が感じられた。

　こういう時のオーケストラの奏者はどういう気持ちだろうと考えてみる。例えば一流のバイオリニストのバックで演奏する管弦楽のなかのバイオリニストは、ジェラシーよりも才能の差を感じるのだろうか。楽団に所属すれば生活は安定する。私はストラスブールの楽団員のバイオリニストと会ったことがあるが、バイオリンを仕事として安定した給料がもらえることで満足しているように感じられた。演奏会シーズンがあり、それ以外は束縛のない時期もある。

ベルリン交響楽団の第一バイオリンでコンサートマスターの樫本大進という人は、ソロ奏者としてもすばらしい。

彼は非常に若い時にロン＝ティボー国際バイオリンコンクールで優勝している。演奏会シーズン以外はソリストとして世界を駆け巡っているのではないかと思う。ベルリンフィル自体がいうまでもなく世界一のオーケストラだ。ひとりひとりの音そのものがすばらしい。

❖ フランス語を学ぶ

暮らしてみる場所としてパリを選んだ大きな理由のひとつ

DELF・DALF
フランス政府認定のフランス語の検定試験。各国で行われている。

が、フランス語の難しさだった。超える壁は高いほうがいい。あえて難しいことに挑んだのである。

簡単なフランス語の文章が書けるくらいになろうと猛勉強した。時間、労力、お金をずいぶんと費やした。苦労してこそ大きな収穫が得られると信じてのことだ。フランス語の辞書がしまいには破けてきたほど、一生懸命辞書を引き、覚えようとした。DELF・DALFの試験もいちばん下のレベルだが通った。

それでも、フランス語で会話するのは至難の業だった。日常生活で使うとなると机上の勉強は歯が立たなかったが、街角の文字を読んだりする分には有効だったと思う。

今回のロングステイで会話レベルは少しは上達したから、やはり、使わざるを得ない状況を作ることが語学学習には必要である。

パリには語学学校は山ほどあるから、そこに飛び込んでみる

ルーブル美術館

世界最大の美術館。もともとは宮殿でフランス革命の後、美術館を兼ねるようになった。年間の来館者は1000万人を超える。

開館時間	月･木･土･日	9:00～18:00
	水･金	9:00～21:45

のもよいかもしれない。語学学校は若い人が多いから、世代の違う人たちと友達になれるだろう。東ヨーロッパから来た人たちもたくさんいるはずだ。言葉が通じないなか手振り身振り、英語を交えて話すのは面白い。

日本にいたら想像もできない体験をした人と知り合えるだろうし、親しくなったら自宅に招いて交流を深めることもできる。学ぶ過程での楽しみがあり、壁にぶつかればぶつかったで見えてくる景色がある。

❖ルーブル美術館の魅力

パリの美術館巡りも、「学ぶ」場である。滞在していた間、**ルーブル美術館**には１００回も通ったのではないだろうか。ルーブルには無限に時間を費やしても惜しくなく、また行けるなら行きたいと思う魅力がある。それまで美術には普通並みと思える関心を抱いていたが、ルーブルに行って私のなかの何かが変わった。

ルーブル美術館はセーヌ川の右岸に建つ壮大な建物である。総面積は6万平方メートルを超え、地下を含む4階建ての石造り。中庭を囲んでコの字型に建てられ、開いた部分から直線を引いてたどるとチュイルリー公園、シャンゼリゼ通りを通ってエトワール凱旋門につながる。

かつて入口は別の場所にあったが、増加する来館者に対応するため中庭のナポレオン広場に1989年、ガラスの大ピラミッドが完成した。そこから階段を下りて地下の広場の入口に行くように設計されている。

初めてピラミッドを見た時はびっくりした。石の建物にガラス、それも三角形。これを受け入れるには相当な勇気が必要だったであろう。伝統にとらわれないフランスの優れた面があらわれていると思った。

ルーブル美術館のピラミッド

慣れてくるとこのルーブル宮に合うのはピラミッドしかないと思えてくるから不思議だ。

まずピラミッドの入口のところで危険なものを持っていないかチェックされる。空港よりは簡単だが、人の多い夏の暑い時期、冬の寒い時期に外で待つのは大変だ。

階段を下りて地下1階で入場券を買うが、ここも夕方を除くと行列ができている。入場券の自動販売機もあるが扱いにくく避ける人が多い。

ルーブルを運営している人たちはできるだけ待ち時間を少なくするよう工夫していると書いてあったが、現実は切符売り場は遅々として進まない。

観覧料は基本的に1日15ユーロだった。前に並ぶ人たちのカードでの支払いなどで時間がかかり行列が進まないと、ひどく苦痛であった。2、3か月してからルーブルの賛助会員になれば待たずに入場できると知った。

1年通しのパスを70ユーロで手にいれれば、いつでも、一般の入口とは別のところから入館できる。散歩の延長で訪れたり、疲れた時は1時間くらいで出て来たりと自由に楽しめた。ルーブルに毎日のように通えることは夢のような体験だった。人生で、ある意味いちばん楽しい時間だったと言えるかもしれない。

テロの影響があり、パリを訪れる日本人観光客は激減した。ルーブルでも日本人の姿をあまり見なかった。パリとは違うフランスを求めて美しい田舎町などに行くツアーの人気が高いと聞いた。

中国人、韓国人の団体観光客は多い。もちろん欧米人の来館者も多い。皆一様に静かに神妙な顔をしていて、「ついにここに来たか」と思っているように見える。

館内の床は石や硬い木であり、あまりに広いこともあってかスニーカーの人が多い。

どこからどのように見たらいいのか

さて、ルーブル美術館をどこからどのように回るかを見極めるのは難しいが、ロングステイ中に通うのであればその日の気分のままに楽しめばいいと思う。

美術館に足を踏み入れれば部屋だけでなく、階段も広くて長く、王侯貴族はどんな生活をしていたのかと考える。それぞれの部屋には2、3の小部屋が付いていることが多く、出入口を間違えるとなかなか希望のところに到達しない。短期滞在では焦ってしまうが、そこはゆったりと構えられる。

有名な作品は分散しているから、皆、館内の案内図を手に急ぎ足で歩いている。絵をチラッと見てスマホで確認して次に向かう人も多い。絵を鑑賞する時間より、案内図を見て移動する時間のほうが長いくらいだ。ルーブルでは常時2000人が働いていて、職員、警備員はおしなべて親切に質問に答えてくれる。迷ったら聞いてみるといいだろう。

また、人が集中している部屋は一部に限られ、それ以外はゆったりしている。もっとも混雑しているのがモナ・リザである。同じレオナルド・ダ・ヴィンチでも聖母子と聖アンナの絵の前には不思議と人が少なかった。神々しい表情がすばらしいが、時間が足りないのだろう。

ほとんどすべての絵画は50センチくらい前にロープが張られている。それ以上近づくとビーと警戒音が鳴る仕組みだ。いつもあちこちから聞こえてきて、私も夢中になって見ているうちに鳴らしてしまったことがある。

フラッシュさえたかなければ制限はないので、多くの人がスマホなどで写真を撮っていた。私はiPadを持参し、後日、良い画質で楽しめるだろうと期待してどんどん撮影した。ただし、大きいものは画面に収まらず、天窓や窓から入る光のためにうまく撮れないで涙を飲んだことがたくさんあった。

ルーブル美術館内の
マリー・アントワネットの居室

展示場所が小部屋であろうとも、すべての作品に何かしら感動がある。ルーブルを紹介する本などに使われる有名作品は来日する機会があると思うが、小部屋にそっと置かれた小品はおそらく地球が燃え尽きる日までそこから出ることはないだろう。

パリ住まいするなかでそのような絵を見る余裕が得られたことがすごく幸せに思えた。ルーブルから無限の感動をもらった幸せ者だ。いつか外出がままならなくなったら、iPadに保存した絵の模写でもしてみたい。ルーブルだけで2000枚以上、眺めるだけでも十分幸せに違いない。何かの間違いで消えてしまったらたまらないので、USBに保存している。

❖ルーブルで印象に残った絵画

絵画はそれぞれの人がそれぞれの思いを胸に鑑賞すればよい

と思うが、私の印象に残った作品を紹介しよう。

まず、大回廊にはフランス人にとってまたほかの国にとっても大切な作家の代表作が掲げられている。

長さ100メートルはあろうか、かつて大晩餐会が開かれたのであろう。明かり取りは、側面の窓から入る光と天窓からの2つである。現在も人工の光は内側の廊下やトイレなどだけである。

ここにはルネッサンス期に誕生したレオナルド・ダ・ヴィンチ、ラファエロ・サンティー、ミケランジェロ・ブオナロティなどイタリア人の作品が多い。3人は同時代に生きた天才科学者ないし芸術家である。ほかにもアンソニー・ブァン・ダイク、チィチィアーノ、カラバチョ、ラトゥール、ボッチチェリーと挙げたらキリがない。

この大回廊に隣接する小部屋にある絵画と日本人にはあまりなじみのない私の好きな画について述べてみたい。

ジャン・オノレ・フラゴナール（1732 年～ 1806 年）

ロココ調　18 世紀後半のフランスを代表する画家。

ニコラ・プッサン（1594 年～ 1665 年）

バロック時代　17 世紀のフランスを代表する画家。絵の中にキューピットを描いていることが多い。

・「ブランコの絶好のチャンス」**ジャン・オノレ・フラゴナール**作

19世紀フランスのロココ美術を代表する画家で軽やかな衣装を付けた子どもが森でブランコに乗っている。この絵は代表的なものだ。フランス絵画であるからか、ほかの国のものより配慮がなされているのかガラスケースに入っている。絵の具が剥げ落ちないようにとの配慮かもしれない。

・「愛のコンサート」**ニコラ・プッサン**作

16世紀末に生きたニコラ・プッサンは何枚かのキューピットを背景に入れた絵を描いている。どのキューピットも意地悪な顔をしている。色白の丸い裸の子で背中に羽のあるキューピット、髪の毛はブロンド、チリチリと逆立っている。ほかの画家も作品中のキューピットで可愛らしいのはないのが不思議だ。

アントワーヌ・カロン（1521年～1599年）

16世紀中期から17世紀前半にかけてのフランス独自の美術様式を確立したフォンテンブロー派の画家。

ピーテル・ブリューゲル（1525年～1569年）

16世紀に活躍したオランダの画家。1560年生まれの同名の画家は長男。

・「キューピットの埋葬」**アントワーヌ・カロン**作

この画家もキューピットを描いている。この絵は20人ほどのキューピットが列をなしている。先頭に箱の上に死んだ仲間のキューピットを載せて落ちないように紐で結んでいる。丘を越えていくようだ。キューピットは全員小さな黒い布を頭に被っている。皆、青い羽を背中に付け最後の2人だけは赤い羽を付けている。

私には最後の2人が人間との橋渡しで、埋葬の仕方を人間に教わっているように見えた。この絵の意味はわからない。

・「農民の婚礼」**ピーテル・ブリューゲル**作

ブリューゲル家は16、17世紀に150年にわたって何人かの画家を輩出した一家である。ピーテル・ブリューゲルとその子ヤン・ブリューゲルが名の知れた画家だ。私はブリューゲルの画風が好きで何回も見に行った。そのたびに絵の前に釘付けになった。農民や一般の人々の生活がなんと細やかに描かれているることか。漫画のようでもあり楽しい。宗教色はない。農民の婚礼で庭先で飲めや歌えやの宴会がなされている。男と女が抱き合っている。普段着なのでどれが花嫁か花婿かわからない。犬も鶏も騒いでいる。ブリューゲルは遊びを描くのが好きだったのだろう。スケートをしている絵も描いたが肖像画などは描いていないようだ。

1枚の絵にたくさんの人物を描き、100人とも、数え方によっては200人になるものもある。たくさんの人々を根気よく描き続けることも才能のひとつだろう。ひとつとして同じ人間はいない。

大ギャラリーに接する小部屋には一概には言えないが我々にはなじみの少ない画家の絵がたくさんある。歌麿、北斎、写楽など日本では有名な浮世絵師だったが海外で知られていないこ

ダビット・トゥニエール

略歴不明。

イザック・フォン・オスタッド

略歴不明。

と同じようなことかもしれない。その絵で生活感覚がひしひしと感じられるいくつかを挙げてみたい。きっと描かれた当時にタイムスリップしたような不思議な感覚に包まれるはずだ。

・「キャバレーの室内」**ダビット・トゥニエール**作

キャバレーという人の集まる大衆酒場があって、粗末な部屋で椅子が置かれているだけ。労働者が1日の仕事を終えて仲間とお酒を飲んでいる。酔っ払って大声を出している人もいる。華やかなものは一切ない。飼い主のいない犬も描かれている。キャバレーの中に今夜の客を物色するためのぞき窓から顔を出している女性がいる。田舎くさい女性だ。

・「凍った運河でスケートをするカップル」**イザック・フォン・オスタッド**作

冬のヨーロッパでは水路が凍りつき遊び場になっている。刃

ヤン・ステーン（1626年〜1679年）
オランダ出身のバロック時代に活躍した画家。

が付いている靴を履いて田舎の男女が腕を組んでスケートを楽しんで犬や子どもがあとに従っている。大人が子どもたちを乗せた橇を押したりしている。

氷に穴を開け、魚を釣っているのか。水路のはしに疲れた馬が荷を引いている。冬の厳しいなかに人々は何かの楽しみを見つけているのだろう。

・「夕食」**ヤン・ステーン**作

貴族や金持ちの人物画は沢山描かれているが平凡な女とか老女も描いている。そのひとつだが老女は裾の長い粗末な黒い服を着て、黒い頭巾で頭を覆っている。テーブルにはチーズとパンがあり、歯が抜けているのだろう。ゆっくりと夕食を食べている。連れも家族もこの世にはいないのだ。彼女はわずかなめぐみに感謝している。

ディック・ハルス（1591年～1656年）
フラン・ハルスの兄弟。

・「内輪の会合」**ディック・ハルス**作
着飾った家族か仲間が一同に会してギターやマンドリンのような楽器を弾いている。笛を吹いている男もいる。お酒を飲んでいる若者もいる。16～17世紀にはそのような楽器しかなかったようだがバイオリンはあった。皆色とりどりのタイツ履いて腰の部分は絹でできたフワッとしたパンツを履いていて膝で絞られている。

農民や労働者の男はモンペのようなものをウェストで紐で結んだものを着ている。色染めは高いので糸の色が農作業で汚れて黒くなってしまっている。農民が赤い色を着ているなどと言うことはない。服は黒だ。

❖テーマを決めて鑑賞する

私の印象に残った作品を紹介したが正直、あまりにもたくさんの絵画を見すぎると区別がつかなくなってしまう。そこでお勧めしたいのが、数ある作品を漠然と見てまわるのではなく、テーマを決めて鑑賞する方法である。

　私は昔の人々の生活が描かれた絵が好きだ。とくに平凡な人々の暮らしが描かれているものが好きで、その背景が例えば16世紀としても懐かしさを感じた。

　現代人と同じように子供に教育をしたり、祭りの日に男も女も飲んだくれて騒いでいたり、夫婦でお金を数えていたり……。観光客とは違い、時間の余裕があるから飽きるまで見入り、楽しんだ。

　飛び跳ねる魚を売る商人、女に言い寄るあか抜けない男、海辺に集まり世間話をする女たちなど、わずか5ミリくらいにしか描かれていない人物でも何を話しているのか伝わってくる。

　表情が読み取れなくとも、仕草でわかる場合もある。私もその米粒のような人たちに混ざり、その時代、その時間にいたら

面白いだろうと想像した。なんとすばらしい経験をしたことだろう。

一般的に日本の美術館は撮影を禁じているところが多く、ルーブルとは対照的だ。ルーブルは多くの人に偉大な遺産を楽しんでもらうべく、撮影や模写を勧めている。

展示された作品は、16世紀のものでも色合いが新鮮で衰えが見られないと感動する一方、膨大な数のなかにはひび割れが全面にわたっている油絵なども見られた。館内は天窓や壁の窓から自然光が入る。紫外線にさらされてしまうのだ。

描かれた当時と現在ではどれほど色彩が違うかわからないが、どうやって絵を守ってきたのだろうか。

ルーブルの中でも至宝とされる作品の部屋は警備員が看視している。館内でもっとも人が集まるモナ・リザは特別なガラスケースに入っていて、周囲には円形に金属製の柵が設けられて近づけない。そこに何重にも人垣できる。ほかの絵画と同じように撮影可能だ。

フラッシュは禁止だが時にそれを聞かない人がいて、フラッシュがたかれると絵の照明が消えて真っ暗になる仕掛けがある。誰かが無責任にルール違反をすると、ほかの人も絵が見られなくなってしまい、顰蹙を買う。

午後4時を過ぎるとたいていの人は引き上げるので、どの絵も楽に見ることができる。閉館30分前の4時半になると、そろそろお帰りの支度をという放送があり、15分前には係りの人が羊飼いのように来館者を出口のほうに誘導し始める。展示品の数は38万点もあるので、1日で見ることなどとうてい不可能で、皆後ろ髪を引かれる思いでドアからドアへと追われていく。ゆったりパリ暮らしをしている特権をここでもかみしめる。

今後、ルーブル美術館はどこに向かうのか? 時代を超え栄光の過去を未来に残すべくルーブルのキューレーターは努力をしている。世界の人々がルーブルに集うことをフランス政府は誇りに思っている。決して崩してはならないこの偉大な美術館を守らなければならない。

❖蚤の市で複製画を買う

ルーブルで見た絵画に魅かれ、1章で紹介した蚤の市クリニャンクールに行き、複製画を見て回るのも楽しみのひとつだった。小さくて気さくな店の開けっぴろげな店員は、何か買うととても喜んだ。この蚤の市は毎週土曜、日曜、月曜の3日間だけオープンする。近くの道路脇にはテント張りの店があり、アフリカ系の男たちがスニーカーやTシャツ、ジーパン、帽子などを売っていた。私たち夫婦が目の前を歩いても、呼び込みはしなかった。いつ見ても客はいなく商売をしている風には思えなかった。開店休業なのだ。仕事をしていても収入がなければ国から補助金が出るのだろうか。

「放蕩息子の帰還」
ロシアのエルミタージュ美術館にあるレンブラントの作品が有名で、この絵は宗教色はない。

ある時、私はテニエール作**「放蕩息子の帰還」**の小さな油絵の複製画を買った。ここで売られている複製画は本物とはかなり違っている。ひょっとしたら画学生が勉強のために描いているのかもしれない。30〜40ユーロと努力のわりには安いと思った。どのような手法なのか不思議だが、油絵の具の感じが300年経っているように見えた。

後日、再びルーブルで本物を見たら、色も生き生きとしてやはりすばらしい。複製画のほうは人の顔が完全にシンメトリーに描かれていて、バランスが悪い。この複製画はよい思い出となって、今も手元にある。

またある日のこと、「いかさま師」という題名のフランドール派のヒエロニムス・ボスの絵の複製を買った。この画家をもちろん私は知らなかったが、宗教的な作品が多い。この「いかさま師」は木のテーブルを挟んで男がサイコロを持ち、相手をだまそうとしている。さして高くなかったが、15世紀あたりの

オルセー美術館
　1900年のパリ万博の際に建てられた壮麗なオルセー駅を増改築し、1986年に開館。主に1848〜1914年の作品を展示。

絵画の感じがよく出ていた。ルーブルに収蔵されているはずと思ったら、そうではなくパリ郊外サンジェルマン・アン・レイの小さな美術館にあることがわかった。
早速、高速郊外鉄道（RER）に乗って行ってみたところ、留守番らしき女性が買い物かごを持って出てきた。公開は1年に一度だけとのことで見られず、残念だった。ヒエロニムス・ボスのほかの作品は、ルーブルでも見ることができる。

❖オルセー美術館

コンコルド広場を左折しセーヌ川を越えると、周辺の建物と比べても突出して美しい**オルセー美術館**がある。美術館として生まれ変わる前の旧オルセー駅は、鉄骨が崩れ落ちてしまうのではないかと思えるくらいだったが、フランス人は古いものに見事に息を吹き込む。ガラスが多く使われ、しっかりとした鉄骨が緑色に塗られているからすぐわかる。

オルセーはルーブルとは全く違った自由な空気に満たされている。天井が高く吹き抜けで、明るい現在未来を感じさせる空間だ。駅の改札口であった広場から左右に展示室があり、印象派を中心とした絵画が並べられている。彫刻も多く、アール・ヌーヴォーの家具や写真なども見ることができる。最上階にはマネ、モネ、ドガ、そのほか印象派の作品が所狭しと掛けられている。

2階には古き良き時代を思わせるきらびやかなレストランがある。覗いてみただけで入らなかったが、帰国してからお茶でも飲めばよかったと悔やんだ。ひとつの悔いも残さず旅を終わらせることは不可能だが、それもまた次に進む教訓となろう。

パリ市立美術館から
セーヌ川をのぞむ

その他の美術館

ピカソ美術館が２０１４年にリニューアルオープンしたが、足を運んでみたところ期待したほど展示の数がなく、拍子抜けした。パリにはほかにもポンピドーセンター、ロダン美術館など大小合わせると、ほかの都市と比較できないほど多数の美術館がある。

気楽にアートに親しむには**パリ市立美術館**がお勧めだ。作品数が多く、常設展が無料なので、暇な時にぶらりと立ち寄るのにぴったりである。エッフェル塔が正面に見え、シャイヨウ宮も近い。周辺が木々に囲まれたいかにもパリという景色で散策するにももってこいである。

一般的に美術館の入館料は10ユーロ以上であるが、第一日曜は無料といったサービスもあるのでチェックしてみるといいだろう。

5章

パリの街歩き

ブルバード
街路樹のある広い道路のこと。boulevard

❖パリの街の美しさ

パリの街は絶対的に美しい。いたるところに歴史を作った有名な人物や天使、女神などの像がある。ルイ14世、ジャンヌ・ダルク、ナポレオン、巨大な天使サンミッシェルと数えあげたらきりがない。そして装飾性豊かな建物の数々。時代による建築様式の違い、あめ色、小豆色、卵の黄身色など色調の違いが見事に調和し、いたるところに国宝級の建物がある。どれも長い歳月のなかで適当に汚れているのも時代を感じさせてくれる。

たとえロングステイであっても、パリの街に飽きることはないだろう。**ブルバード**と呼ばれる大通りひとつとってみても、四季それぞれに趣がある。春、街路樹の芽吹きは次第に深くなり、夏には繁った緑が木陰を作って、ベンチに座り通りを行く人を眺めるのに格好の季節となる。夏の日差しは強くても汗をかくことはなく、爽やかである。

長い日を楽しむうちに秋は確実に訪れ、落ち葉が積み重なって舞い始める。冬には街路の出店に大きな覆いが掛けられ、客は小さく開いたところから中を覗き込む。干し肉やチーズ、子どもの好きなお菓子も並んでいる。

そうするうちに、あっという間に1年が過ぎていく。後悔のないように興味をひかれる場所にはどんどん出かけて行き、パリ暮らしを堪能したい。

❖ 切符よりパスが便利

パリの街歩きを楽しもうと思ったら、メトロを利用するとよい。

メトロの路線図は、駅入口で無料でもらえるので持ち歩いて活用する。また、バスマップもあり、慣れればバスのほうが景

ナヴィゴ
乗り放題パス。1か月、1週間の2種類がある。近郊電車で郊外まで行く際も利用できる。Navigo

色を眺められる。あたりまえだ。

ただしメトロの駅で切符を買うのはひと仕事だ。駅の数が多いせいか大きな駅を除いて駅員はひとりのところが多い。切符を手に入れるには10分、20分はかかると思ったほうがよい。

駅員が優しく手を差し伸べてくれるなどとは期待しないほうがいい。小さな駅には駅員どころか切符の自動販売機もなく、私たちのアパルトマンの最寄り駅もそうだった。切符やパスを持っている人だけが改札を通過できる。

腰を落ち着けて暮らすなら、**ナヴィゴ**というパスを買ったほうが便利だろう。自動券売機には英語の標記もある。メトロでもバスでも共通して使うことができ、1か月分または1週間分の2種類のパスがある。回数券もある。

駅員のいるメトロの駅で写真と手数料5ユーロ払えば発行され、その場で1か月分、1週間分、希望の日数分を支払うと、すぐに使える。ただし、1か月分は月初め、1週間分は月曜からのスタートなので損をしないよう注意したい。更新もいつでも各駅の自動販売機でできるが、やはり月末または月初め、あるいは月曜日のタイミングがベストだ。

❖自動開閉しないメトロのドア

メトロはホームの駅名表示を見ればどこで降りるかすぐ識別できるがフランス語なので読みにくい。パリ市内はおよそ100キロ平方メートルとそう広くないが、そのなかを14の路線が走り、303の駅がある。パリの中心から少し離れるとトラムという路面電車が走っているが、地上を走る電車はない。

メトロの駅と駅の間隔は短く、線路が直線に伸びている箇所では前後の駅や車両が見えるほどである。日本人が慣れないのが、いまだに手動式開閉がほとんどである。降りる人は引っ張って開けるのだが、要領をつかめずガチャガチャやっていて見か

ねたパリっ子が開けてくれたこともあった。

　メトロには冷房はほとんどない。通勤時などは混み合うこともあるが日中は閑散としている。駅では次に何分後に電車が来るか表示があり、いら立つことはない。乗り遅れたとしても日中は長くて4分、たいていは2、3分で次の電車が来る。

　乗り換えが厄介な駅もある。新たに路線が作られると同じ駅名でも大変だ。メトロの駅は概して暗く、掘った壁がむき出しになっていることもあり、駅員の目の届きにくいところにはホームレスもいる。

　なかには、どうにかして切符なしに自動改札を通り抜け、不正乗車をする輩もいる。ひとつの方法は誰かのあとに身体をぴったりつけてすぐに続けて通過する手口。私も改札の手前で密着してきた女を手で払ったが離れなかった。長い脚でバーを飛び越える方法もある。

　こうした不正乗車の取り締まりが行われている。メトロを下車し、外に出ようと階段を上ったところで突然、鉄道警察官4人くらいに囲まれ、足止めされる。切符の提示を求められ、持っていないと即座に50ユーロの罰金が科せられる。捕まる人には女性もいる。

メトロで見た人間模様

その日はなぜだか覚えていないが、うきうきとした気分でメトロに乗っていた。ところが、ある駅で4人のティーンエイジャーが勢いよく乗り込んできて、すっかりみじめな気持ちになってしまった。サンドイッチを食べ、飲み物を飲みながらワイワイと騒がしい。しかも食べ方がどう見てもきれいではない。周囲の客に見せつけるように食べ残したアイスクリームやドリンクの中身、包み紙などを通路に投げ捨て、2、3駅で「文句でもあるのか?」とにらみを利かせながら降りて行った。

一体なんなんだと思ったが、彼らは社会に対して怒りを抱えているに違いない。突然、不当に解雇でもされたのだろうか。ほかの乗客は何事もなかったかのようにしていたが、床に散乱した食べ物が青年たちの不幸を物語っていた。

メトロは時に怒りを発散する場となるだけでなく、いつも悲しみに満ちているように思った。2回に1回は小銭を求める人に出くわす。自らの不幸な境遇を述べ、朝から何も食べていないなどと言って、乗客ひとり一人に手を差し出すのだ。

しばらく住んでいると、同じ路線には同じ人が乗ってくることがわかった。お金をあげる余裕のない貧困層が多い地域にはそうした人はいない。出してくれる人がいそうな区間に乗り込んでくる。

私ははじめの頃は小銭を渡したが、あまりに多いのでそのうちにやめた。ほかの乗客がお金を渡すのを見たのはたった1回だけで、上品そうな男性が3ユーロもあげていた。そんなにあ

が聴けた。夜にキャバレーなどで演奏する前に、いくらかでも稼ごうというのか、真剣に演奏している。立ち止まって聴く人はいないが、通りすがりにチップを入れる人はいた。もともとフランス人の財布の紐は堅い。キャッシュレス化が進んで払おうにも小銭がない人も増えたのかもしれない。

お勧めはバス移動

メトロよりバスのほうが日本と同じ平和な感覚で乗っていられる。パリっ子の多くはバスを利用する。およそのルートと行先近くのバス停が把握できるようになったら、メトロよりバスを利用することをお勧めする。私はバスに乗れるようになって、ようやく気楽に出かけられるようになった。すばらしい景色を眺めながら、パリ市内を気ままに移動できる。

バスでは演奏する人も小銭をせがむ人もいない。運転手が見守っているからだ。運転手は女性とアフリカ系の人が多い。

バスは乗る時に運転手が切符をチェックするから、不正乗車も少ない。混んでいるとたまに降車口から乗りこむ人がいるが、あるとき運転手が目ざとく見つけて支払いを求めたので驚いた。バスでも不正乗車の取り締まりを見た。降りたところで囲まれていた。

パリっ子たちはバスにお年寄りが乗ってくると、必ず席を譲る。ところが、譲られた人が「ありがとう」と言うのを聞いたことがない。きっと当然のマナーなのだろう。

ベビーカーは中央部から乗り、ちょうど便利なところに置く場所が確保されていている。乗り込む時には何も言わずとも周囲の誰かが手を差し伸べている。日本人は一般的に親切と言われるが、東京などでは階段でベビーカーを持ち上げるのに苦労している母親がいても、知らん顔で素通りする人が多い。恥ずかしくて声をかけづらいのかもしれないが、そういうところは

カタコンベ

市営納骨堂。600万人の遺骨が納められている。正式名はロシュール・ミニュシパル。catacombes

フランス流にならいたいものだ。

メトロの駅同様、バス停にも次の到着時間が表示される仕組みがある。ただし、到着パネルが故障していることも多い。スマホでも次のバスが来るまで何分かかるかを調べられる。街中で工事が多いため、バスの運行ルートはよく変更されるので気をつけたい。

❖メトロの下にあるもの

パリのメトロは車両の長さが3、4両と短い。地下にあるものを避けるためにカーブが増えてしまい、そのせいで短くしているのだろう。新しい路線ほど蛇行し、深く深く潜ることになった。避けるものとは、薄暗い**カタコンベ**や下水道、ガス管などである。

カタコンベを見に入ったことがあるが、電灯の灯るなか地下へ降りて行くと左右に頭蓋骨、長骨などが分類されて天井まで積み重ねられていた。パリの町の整備のため1か所に集められ、身分、男女の区別なく見学者をみつめている。

パリの下水道は14世紀頃から建設が始まっている。路上に捨てられたゴミやし尿が悪臭を放ち、ほかのヨーロッパの都市と比べても相当不衛生であったらしい。1600年初めより暗渠の下水道が作られるようになり、少しはきれいになった。

今日セーヌ川は臭いもゴミもなく、きれいな流れだが、かつては生活排水やし尿が流れこんでいた。そこで洗濯をして、飲用にもしていたと言う。

地上の建築物に使われるような幅広い石がひとつひとつ敷き詰められ、築かれたことが見て取れる。資材はパリ郊外の石切場から運ばれた。普通の水も流れているのでそれほど臭わない。

無料の公衆トイレ
「サニゼット（sanisette）」といわれる全自動の公衆トイレが街中に設置されている。

パリのトイレ事情

日本の駅にはトイレがあるのが普通だが、パリのメトロの駅にはない。構内で立小便する男性を見た時は、さすがにびっくりした。人通りが少ないから切羽詰まってのことなのか、トイレにもお金がかかるパリだからなのか考えさせられた。

デパートと名の付くところにはトイレはあるが、有料であり数も少ない。一か所だけボンマルシェというデパートには無料のトイレがある。

日本でも有名なフォションの店は、トイレに番人がいて、いくらかのお金（1、2ユーロ）を払う仕組みになっている。盗難防止も兼ねているようだ。街の大きなスーパーにもトイレはない。街を歩いていてトイレに行きたくなったら、カフェに入ってお茶を飲み、そうしてようやくトイレに入れる。

街中には**無料の公衆トイレ**が40か所あるが、観光を大きな収

高速郊外鉄道（RER）

Réseau express régional d'îe de France.

近郊への観光に使える便利な鉄道。

入源とするパリではあまりにも少ないと思う。私はトイレに行きたくなるといったん家に戻り、出直すようにしていた。日本に帰ると駅にもスーパーにもトイレがあり、たとえ人の出入りの多いところでも清潔で感動的でさえある。

❖パリ郊外に足をのばす

パリの近郊に住んでいる人は、通勤通学に**高速郊外鉄道（RER）**を使う。パリの外環道路の外側のエリアで、外環を出て5分もすれば住宅地が広がる。日本のように1時間も2時間もかけて通うことはまずない。郊外であればパリ市内より空気もいいし、広い一戸建てに住むことができる。

メトロ1号線から直通の高速郊外鉄道に乗って、マルメゾンというところに行ったことがある。駅を出ると広場があり、少しだが店が並んでいた。まるで公園のような町で道幅が広く、一軒一軒の敷地も広く、日本の水準から見ればすべて豪邸である。

フランス人は馬が好きでマルメゾンのように競走馬を育てる町では人より馬の数のほうが多い。その姿と独特の汗にまみれた匂いがしなかったのが残念だった。

マルメゾンをはじめフランスの地方に行くと、すごいお金持ちでなくても馬を持っている人がいる。自分で管理できなければ1か月5万円くらい払って預けておき、週末に乗りに行くこともできる。生活そのものが違う。

その時は、マルメゾンに住む人からお招きを受けた。200坪くらいあろうか、緑に囲まれたお宅だった。庭に張り出したテラスにパラソルを立て、その下で計9人で食事を楽しんだ。呼ばれたのはカップルとシングルである。みんな優しい人たちで、私たち夫婦が新参者なので気を遣ってくれた。

前菜はフランスの春を告げる白アスパラガス、メインは詰め物をした豚をオーブンで焼いたもの、デザートはアイスクリームだった。白アスパラガスは噛むとパリパリとして、ほろ苦く甘い。春の味だ。

食後に、そのお宅の主と近くの池や森に鳥を見に行った。パリから少し郊外に出ただけで、自然が豊かに広がっている。その人はフランスの中央銀行に勤めていたエリートだったが、パリではあまりお目にかからない気さくな人であった。退職後はカメラが趣味とのこと。自宅一帯を含め絵や写真になるところばかりだから、撮影対象に困ることはないだろう。

夕方、帰ろうと駅に行くと人だかりができている。どうしたのか聞くと、電車が不通だという。駅からの情報は一切なかった。

質問攻めにされたくないのか駅員の姿もない。情報提供くらいしてくれてもよさそうなものだが、フランスではこれくらいでは無責任とは言わないのだろう。駅員に鉄道の運行に関する

excuse
“Excusez-moi” と言えば、「すみません」「申し訳ありません」ということ。

責任はないからだ。

こんなとき日本の駅員はわかる限りの状況を伝え、謝る。フランスでは謝ると落ち度を認めたことになり、賠償問題になりかねないと考えられている。だからexcuseという言葉があっても、ほとんど聞いたことがなかった。

Mercie（ありがとう）も同様にほとんど聞かなかった。Pardon（失敬）は毒にならないのでよく聞いた。仕方ないのでタクシーを拾い、パリの中心に行くメトロのもっとも近い駅まで行った。

このようにパリ市内と近郊には緑豊かなエリアがあり、ふらっと出かけて散策するのは楽しい。パリ西部にあるブローニュの森など広大で1日で歩き尽くすことはできないくらいだ。秋の日に栗拾いに行ったこともある。都会の喧騒を離れて気分転換するにはいいだろう。

6章

トラブルの防ぎ方

泥棒が多いと知っておく

あこがれのパリ暮らしの夢をふくらませている人には申し訳ないが、パリはじつに泥棒が多い。先進国のなかでもフランスの治安は悪く、パリは窃盗・強盗の発生率の高さで悪名を馳せている。

治安の良い日本の生活に慣れていると、ショックを受けることが多いだろう。アパルトマンに荷物の配達や工事に来た人、掃除を頼んだ家政婦などが、家の中にあるものを持ち去るのは珍しくない話だ。企業の駐在員で世話してくれる人がいればまだよいが、個人での滞在では身近に頼れる人もいないから腹を据えておかないといけない。

泥棒の味方をするわけではないが、彼らも好きでそうなったわけではないだろう。生活の厳しさゆえに手が出るのであり、背景には貧困、失業、大量の移民といった社会問題がある。

戦争や政情、飢餓などで故郷を離れ、希望を抱いてフランスに到着した人すべてに、きちんとした生活を保障することはなかなか難しい。そもそもフランス自国民の失業率が高く、反政府デモに発展しているくらいである。

裏社会に根を張る犯罪集団は、食も職もなく困窮する人たちに目を付け、泥棒に仕立てあげる。パリでは小学校に上がる前からスリをさせられる子どももたちもいるのだ。

背が低く手が小さいから人のバッグの中に手を突っ込みやすく、子どもだから警戒されにくい。親孝行と思ってやっている子もいると聞く。

盗みの被害にあった場合、パスポートなど再発行のために書類が必要な場合を除き、警察に被害届に出しても時間の無駄であろう。あまりに頻発するので、警察もスリやひったくりなどをまともに捜査していたら、殺人のような重大事案の捜査ができなくなってしまう。

ニッケルコイン泥棒

ある時、パリの中心街を歩いていたら体格のよい女性に陽気に声をかけられた。「あんたたち、これ落としたんじゃない？」と、コインを差し出す。違うと言うと「じゃ、あげるわよ」と押し付け、何度断っても「本物の金だから取っておきなよ」としつこい。

「あなたがもらったらいいじゃない」と言ったら、「私はイスラム教徒なのでアクセサリーは禁止されている」と言う。面倒になって受け取ろうとしたら、唐突に「それなら5ユーロ出せ」と言い出した。「あんたたちはラッキーだ。5ユーロで金貨が手に入るんだから」と、ラッキー、ラッキーと何回も繰り返す。

何だか狐につままれたようになり、つい5ユーロを出してしまった。さっさと立ち去ればよかったと思っても後の祭りだ。

オートバイでのひったくり

後ろから二人乗りで近づき、バッグを引っ張って奪い取る手口。転倒、また引きずられて大怪我をするケースもある。

女は鼻歌まじりに楽しそうに去って行った。癪にさわって、そのコインは脇の茂みに投げ捨てた。おそらくニッケルだっただろう。知らない人に声をかけられたら警戒してかかったほうがいい。あたりまえのことが外国ではできなくなる。

街中はひったくりだらけ

日本でもひったくり事件は起こるが、パリはその比ではない。おしゃれをしてショッピングを楽しもうと見るからに高級な服やバッグでそぞろ歩きなどしようものなら、すぐに目をつけられる。街中では常にまわりを警戒し、自分を狙っている怪しい人物がいないか気をつける心づもりが必要だ。

オートバイでのひったくりが多いので、バッグは車道と反対側に持つのが基本とされている。パリジェンヌたちは肩に掛けたバッグに逆側の手も添え、しっかりと口の部分を押さえて歩いている。斜め掛けにすると、引っ張られた時に転倒して危険なのでやめておこう。

店の中に入ってからも油断はできない。日本ではよくお財布や紙幣をむき出しのまま会計を待っている人がいるが、パリに限らず海外に出たら支払い直前までしまっておかないと危ない。

面倒に思うだろうが、安全のため現金やブランド品の財布、クレジットカードなどは人目につかないように取り扱う習慣を付けたい。さらに、店員のなかには隙あらば釣り銭などをごまかそうとする人もいるので、その点もしっかりと心に留めておこう。

ある時、銀行に入る前に目をつけられたことがあった。パリの銀行は日本のように看板を大きく掲げ、人が自由に出入りしているのとは趣が違う。外から見ると銀行かどうかわからない。

利用者はあらかじめ連絡し、担当者が入口で鉄の扉の鍵を開けて迎え入れ、帰る時も鍵を開けてもらって出る。

私たち夫婦が利用していた銀行の出入口は裏手の目立たないところにあった。その時は背広を着た体格のよいアフリカ系の4、5人の男たちが、銀行から出てきた私たちを取り囲もうと近寄ってきた。おそらく中に入るところを見ていて、待ち構えていたのだろう。

夫は気づかないようだったので、必死に急き立て人通りの多い表通りへ小走りで出た。気づかれたとわかった男たちは未練がましい視線を向けつつ、離れて行った。犯罪者は隙のある襲いやすい相手を狙う。警戒し、危険を察知したらすぐ逃げることが大切だ。

パリではATMは、人通りの多い場所にある。人前で現金を引き出すのは無防備のように思うかもしれないが、人目があることが泥棒よけになり、防犯対策としてよいと考えられている。

メトロの子どもスリ

メトロの駅の出口には、中学生くらいの女の子が3、4人で網を張っていることがある。「アンケートに協力してください」などと言いながら近寄ってきて、うぶな観光客があれこれ答えていると、その間に貴重品をすられてしまうのだ。

子どものスリには、かつてジプシーと呼ばれたロマが多いといわれている。ロマはルーマニアなど東欧に多く住み、定住せず集団で放浪を続ける人たちだ。差別が根強いこともよく知られている。

地下鉄の1号線に乗っていてルーズベルト駅で降りようとした時、小さな男の子がホームに立ちはだかり、私の行く手を阻まれた。何とかすり抜けようとした瞬間、少年は私のバッグから財布を素早く抜き取った。

次の瞬間には財布は仲間の14、15歳の女の子の手に渡り、彼女は現金を抜くと財布をホームに放り出して少年とともに逃げて行った。電車のドアが開いてから1分も経たないうちの出来事であった。ホームで張っていた彼らに目をつけられたのである。

発車のベルを聞きながら、私は財布を拾い上げた。カード類が無事だったことが不幸中の幸いで、50ユーロしか入れていなかったこともあり被害は最小限に抑えられた。たいていの人は現金だけなら運が悪かったと諦め、警察にも届けない。

ロマの少女たちは、以前はいかにも東欧風の長いスカートを履き、スカーフを被っていたが、今はジーンズを履いているのでフランス人と区別がつきにくい。小柄でいつも目をキョロキョロさせている。メトロでスリを働くグループは構内をうろついて狙いをつけている。ブランド店の並ぶシャンゼリゼ通りでも、何組かたむろしているし、ルーブル美術館近辺にも出没している。

家具配送で起きた事件

自分の家にいながら盗みの被害に遭ったこともある。今ふり返ると、パリ暮らしに挑むなんてタフなことをしたものだ。いつか暇になったらパリで暮らしてみようと思っていたが、泥棒がここまで身近にいるとは予想を超えていた。

パリに着いたばかりの頃、食卓のテーブルを購入し、アパルトマンに配達してもらった時のことだ。室内に運び込んだ業者2名が組み立てをはじめ、夫もそれを手伝っていた。その間、少しの瞬間席をはずして、私たちは階下のTさんのところで夕食をともにした。指輪がないと気づいたのは、翌日のこと。それでもどこかに置いたのだろうと最初はそれほど深くは考えなかった。

その指輪は母の形見で、いつも暖炉の上の小さな箱に入れておいた。デザインがすばらしく、大きなダイヤではなかったが特別な形をしていて大切にしていた。考えられるところをくまなく探したが見つからない。入居したばかりで紛れ込む場所も限られている。

4、5日経った頃、ようやく配送に来た人が盗んだのではないかと疑いを持つようになった。それ以外に家に入った他人はいない。家具を購入した店に電話をしたら自分のところは関係ないと突っぱねられ、配送会社にかけると、彼らはよく働き、盗みなどあり得ないと激怒された。何の確証もないので警察には届けなかった。

それから私は憂うつ症にさいなまれた。パリはなんて嫌なところだろう、配送業者が盗みを働くなんてどういうことだろう、母の指輪はどこかに存在し、私を恋しがっているに違いない……。彼らがアフリカ系だったことで偏った見方も沸いてくる。考えても仕方ないことが次々に浮かんでは消え、後悔、悔しさ、喪失感にさいなまされた。到着早々の手痛い洗礼であった。

何とか乗り越えなければいけないと心に決め、しばらくして別の指輪を買った。

❖管理人も泥棒⁉

じつは新たに買った指輪も、結果的に盗まれてしまった。

パリのアパルトマンはすべてオートロックである。暗証番号を打ち込まないと建物や敷地の中に入れない。暮らし始めたアパルトマンの正面入口のドアは、100年前に建てられた当時のものらしく、古びていたが極めて頑丈な木製であった。そこから中庭を通り、それぞれの部屋に入る。部屋のドアにももちろん鍵が付いている。

1〜3の各階1戸、計3家族であり、各戸の鍵を持っている

外務省

「海外安全ホームページ」フランス

https://www.anzen.mofa.go.jp/info/pcsafetymeasure_170.html

在仏日本国大使館

「フランスの安全情報」

https://www.fr.emb-japan.go.jp/itpr_ja/anzenjoho.html

のは住人と管理人だけと私は安心しきっていた。夜になると、日本から連れてきた愛猫が自由に出入りできるように部屋のドアを開けていた。

暮らし始めて1年が経ち、まだ母の形見の指輪を失った傷が癒えないうちに、新しく買ったその指輪が消えた。その時もどこかに置いただけで、そのうち見つかるだろうと思ったが、どこにもなかった。

その後、ずる賢そうな管理人の男に盗まれたのだと私は確信した。やはり証拠はないから警察には届けなかったが。その男はそれからバカンスだといって姿を消し、3か月ほどで戻ってきて、私の気持ちは再び強くかき乱された。パリは泥棒だらけだと思うと、気持ちが落ち込んだ。

こうしたトラブルに見舞われないためにも、パリでの安全対策については、**外務省**や**在仏日本国大使館**のホームページを参考にするとよい。日本人が被害に遭いやすい手口、対策などが出ている。情勢不安な地域、テロ関連の情報なども確認しておきたい。

近所にいたホームレス

パリに着いたばかりの頃は、東京とはまったく違うすばらしい街並みで素敵な人々と出会えると期待していた。

それなのにまさかこんなにホームレスの人たちが多いとは思っていなかった。それは社会情勢を物語る生き証人でもあるだろう。短期の旅行者なら見過ごしても、生活者になるとよく見えてくるものもある。

アパルトマンの近くの食料品店街で、店の壁に寄りかかり座っている女性を見た時は「なぜこんなところに」とショックを受けた。

大柄で50歳くらいだろうか、日焼けした顔が赤くはれぼったた

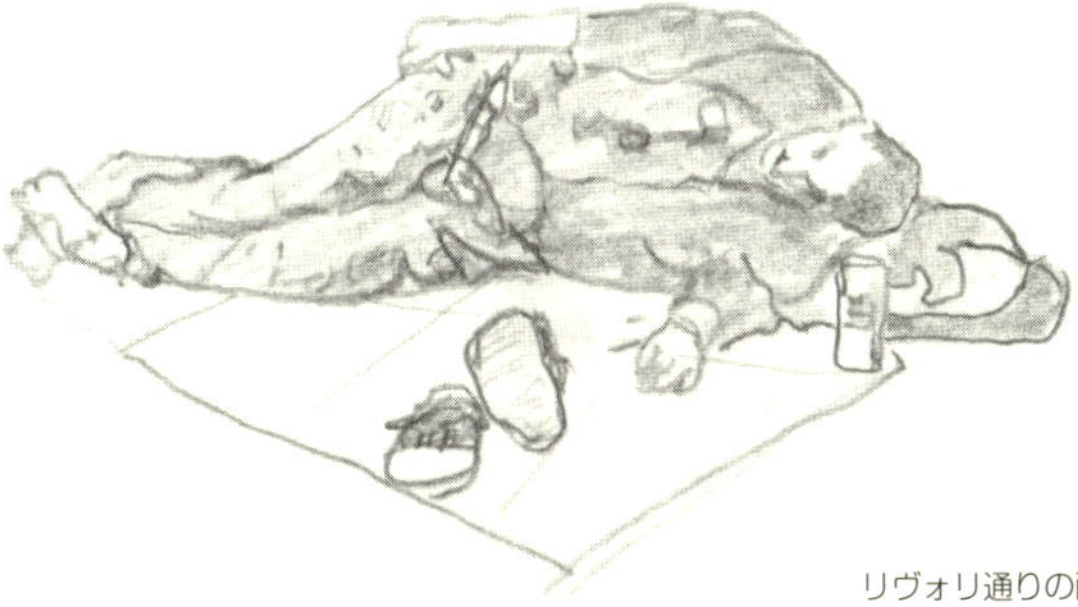

リヴォリ通りの酔っ払い

い。「マダム、お情けを」と手を差し出してきたが、何もあげなかった。日本では経験がないことだったので戸惑った。彼女はがっかりするでもなく、苦しみとも悲しみともつかぬ表情のまま座り続けていた。

誰かが何かくれるのか、いつもそこにいた。雨が降らなければ午前9時ごろにはあらわれ、夕方5時ごろまで座っている。足元に小さな箱が置いてある。マルシェへの通り道で、数回無視したら声をかけてこなくなった。次第にその存在が重苦しく、煩わしくもなり、避けるようになった。

夜はどこで寝ているのかと思っていたら、リュテス円形闘技場という古代ローマの遺跡を利用した公園だと教えてくれる人がいた。

ローマのコロッセオのような大規模なものではなく、子どもがサッカーをできるくらいの広さだ。木々が多く人目につかないベンチで過ごすようだ。近くには無料の公衆トイレがあり、水飲み場で体を拭いているのを見たことがある。夜は施錠されるので入口近くで寝るようだ。

その女性は、友人の話ではもう何年もそこに座り続けているという。私たちが帰国した後もいるそうだ。食べるのに困っていない証に太り続け、おそらく100キロを超えたのではないかと思われる。夕方になるとやはり太った男性が迎えに来る。男性は褐色のだぶだぶの服を着ていてなんとももの悲しい。

警官がやってきて立ち去れなどと言わないのがパリである。ホームレスを収容する施設はあるが、ほとんどがなじめずに逃げ出すという。

老女と犬連れの男

メトロ入口の階段にいつも座っている老女もいた。通る人がいると手を差し出す。スカーフをしていたので顔はよく見えないが、背中が曲がり、かなりの高齢に見受けられた。

一度、じゃがいもを食べているところに出くわした。蒸したもののようで、ヨーロッパにはここまで大きなじゃがいもがあるのかと驚いた記憶がある。

そんな粗末なものを食べているのだと同情を引こうとしていたのかもしれない。音楽会に行く途中などに出会うと、華やかな光の当たる世界とのギャップの大きさに気分が沈んでしまう。小銭をせがむ人は圧倒的に男性が多かったが、時にはそんな女性の姿も見た。

街中には決まった場所に一日中座り続ける初老の男性たちもいる。大木の下に陣取って、そばには小犬が静かに寝ている。犬がかわいいだけに、通りかかる人は餌代でもという気になる。私も小銭を渡したことがあった。

ところが、こうした犬たちは稼ぐための借り物で、薬で眠らされていると言う。耳を疑った。たしかに、犬を撫でたり、かわいがったりする様子はない。

しばらくして、彼らのところに別の男性が集金に来たところを目撃した。どうやら背後には組織の存在があるようだ。

パリの街にはどこにでもホームレスがいるし、泥酔して倒れている人もいる。景色の一部になってしまって倒れていても通行人はそのまま行き過ぎる。舗道に横たわって仲間たちとアルコールを飲んでいる男たちもいる。寒くなるとホームレスが暖かい空気が出てくる通気口のところで寝ている姿をよく見かけるようになる。

フランスは地続きでいろいろな国と接しているから、望まれない人間もどんどんやって来る。強硬に歯止めをかけようとする政治家もいるが、自由平等博愛を掲げるフランスでは実行に移すことは難しい。

漠然とした期待を胸に国境を超えてきた難民の人々は、現実がわかるにつれて将来への希望を失っていく。

救急車

救急車を呼ぶ電話番号は 15 番、S.A.M.U.（フランスの緊急医療援助体制の略、サミュ）にかける。

❖病気やケガをしたら

病気になった時の対処法などは、日本語版の「フランス生活便利メモ」（在仏日本人会編集）を読むとよいだろう。フランスの医師は家庭医と専門医に分かれ、一般的に親切で、英語を話してくれる。ただし専門医の費用は非常に高い。費用は後日請求されるシステムだ。

パリには日本人の医師もいるので心強い。持病があって日頃から薬を飲んでいる人は、できるだけ日本から薬を持って行ったほうがよい。ただし、長く生活するとなると、すべての期間分は難しいだろう。主治医に紹介状を書いてもらい、パリの医師に処方してもらうようにすればよい。

また、急病やケガなどで**救急車**を呼んだ場合、パリでは高額となる。救急病院で風邪で診てもらった場合でも6万円以上か

在仏日本国大使館
「日本語の通じる病院・医師等」
https://www.fr.emb-japan.go.jp/jp/iryo/nihongoishi.html

薬局
薬剤師がいて処方箋の薬を処方するほか、市販薬も購入できる。
Pharmacie

かると考えておきたい。

パリでは住んでいる地区の家庭医に診てもらうのが普通だが、やはり日本人の医師のほうが話が伝わりやすくて安心である。私が薬を出してもらっていたのは、オピタルデューの医師で、個人のオフィスを持っている日本人の医師だったが聴診器も血圧計も見たことはない。予約をしていくと待たないですむ。

オフィスでは話を聞くだけだ。必要がある場合は、専門医や検査機関などの紹介を受けることになる。

日本語の通じる医師や病院は、**在フランス日本国大使館**のホームページにも掲載されている。

パリには**薬局**がたくさんあるが、外国人だからといって丁寧に応対してくれるとは期待しないほうがよい。英語が通じないことも多い。処方箋なしでも買える一般薬はあるが、たくさんは置いていない。

エピローグ

パリの滞在は人生の一大エポックだったと思う。パリの生活は簡単にはいかなかったが、日本では味わうことのできないいろいろな体験をした。

パリの嫌な面も良い面も。プラスだったかマイナスだったかと言えば絶対的にプラスである。

残された時間を同じ空間で過ごすより別の空間に自分を置いてみると、また別の見方も生まれてくる。そして努力せずとも見える範囲が格段に広がっていることに気付く。そのことが残りの人生に幅を持たせてくれるように思う。

何もパリだけではない。

人によっては身近なアジアや思い切って遠いアフリカだってよいかもしれない。

日常から一歩を踏み出す決断さえすれば、ふところの深い地球が受け入れてくれるはずだ。

最後に、本書のスケッチを描いてくださった影山英夫氏に、深い感謝を申し上げます。

<著者プロフィール>

今井 千美（いまい えみ）

1943年生まれ。医学博士。現在、エミ内科クリニック院長。

1970年群馬大学医学部卒業後、同年東京女子医科大学日本心臓血圧研究所入局。鎌倉在住。

1980年、内科クリニック開設。その間マニラ、ジュネーブ近郊に滞在しながら信州大学医学部公衆衛生学委嘱講師を務める。

1994年から1995年まで、日本のNPOの一員としてチェルノブイリ原発事故の人道支援のためモスクワ、キエフ、オブニンスクを6回にわたって訪問。また、2000年にはインフラ支援のため、ブータンに滞在。

2002年同院を閉院し、2年半パリに滞在。循環器疾患に関する著書に「日本医事新報」（日本医事新報社）、「診断と治療」（診断と治療社）などがある。

旅するパリより住みたいパリ

著　者	今井 千美
発行者	池田 雅行
発行所	株式会社 ごま書房新社 〒101-0031 東京都千代田区東神田 1-5-5 マルキビル 7F TEL 03-3865-8641（代） FAX 03-3865-8643
カバーデザイン	（株）オセロ 大谷 浩之
編集協力	（株）ロム・インターナショナル
D T P	ビーイング 田中 敏子
印刷・製本	精文堂印刷株式会社

ISBN978-4-341-08733-3 C0026